台灣國家能力與國家認同之關係

(1990–2000)

The Relation between State
Capacity and National Identity in
Taiwan
(1990-2000)

謝　辭

這是我的碩士論文，亦算是政大東亞所三年的結晶成果，藉此機會出版，一則為自己碩士生涯留下記錄，一則藉此機會與學術界共鳴切磋。

容我率先要對我的母親、父親、哥哥、弟弟致上謝意，父母親的包容與鼓勵、手足兄弟的相互支持砥礪一直是滿足我完成夢想的泉源，碩士學位的完成僅只是我人生旅途的中點站，未來仍需要你們更多的包容與海涵以滿足我自私的夢想抱負，非常謝謝你們！

其次，我要謝謝指導老師趙建民教授與兩位口試委員——李英明所長、張亞中教授的不吝提攜與指教，不僅解決我在撰寫論文時刻所遇到的問題，而且教授們的學識風采更圓潤了我論文的拙見、開闊我對學術殿堂的憧憬。這段期間尤其感謝趙建民老師在百忙中抽空對我學術上的指導、容忍我的失禮、體諒我在時間上的壓力等私人因素，使得我可以順利取得碩士學位，且趙老師對學術的兢兢業業之精神以及關心、提攜後進晚輩的態度，令學生銘記在心。

此外，政治大學東亞所三年的同窗情誼是我難以忘懷的生命階段。各位還記得我在貓空新生聚會上對你們所說的開場白：「因為兵役因素，使得我在現實生活中已經消失脫節了兩年，我非常驚訝你們可以接受一個剛退伍的人參與你們

I

的生活，我也會珍惜你們給我的機會！」如此，我和妳/你展開璀璨的碩士生活，期間熬過了充實的近四十個學分；渡過一整個月的「不良於行」[1]；誕生出乖悖的外號[2]；催生與摧毀三個讀書會、一個社團、一種遊戲[3]；完成二週的中國大陸參訪；熬過我首次的無情失戀物語；尋找指導老師過程的風波；催生編輯出第 32、33、34 卷的《東亞季刊》；慘澹撰寫出我的碩士論文等種種豐功偉業。我相信沒有妳/你的陪伴，這三年的碩士生涯將會失色許多，尤其是 Johnny、左砲、邵砲、敬哥哥、小韋、芭樂、貝斯、組長、Visual cop、Ha-nada、家煌、智偉等酒肉兼摯交[4]的陪伴。讓我再次向東亞所有的師長、助教、同窗摯誼致謝：謝謝妳/你陪伴我充實這三年的人生。

碩士二年級後，承蒙中華歐亞基金會長官的垂青，有幸到民間智庫工作，貢獻所學並開闊學術社群視野，在此期間接觸到一群關心我至深的長官、學長與同仁，包括：曾老師、薛 SIR、老爹、立文學長、師母、羅老師、品哥、開太學長、郭姐、小明學長、宇韶學長、小裴學長、小王哥、小米頭、

---

[1]　保險公司稱此意外為「美容手術」！

[2]　皮皮→一個寵物的菜市場名字居然出現在我的世界。

[3]　讀書會：馬克思主義經典讀書會、中國大陸學研究途徑讀書會、星期二晚上的讀書會（←唯一持續運作）；社團：中國大陸研究學會；遊戲：大外交。

[4]　因為是酒肉兼摯交，所以要把他們的全名特別書下：林琮盛、左紹棠、邵軒磊、王敬智、葉韋君、張鈞智、劉明浩、邱建豪、林長青、原田俊介、林家煌、李智偉等。

儒明、立言、Marc、延麟、瑋鴻、曜陽、名豪、祥生、顏姐等的協助與幫忙，使得我在工作之餘仍可無後顧之憂地完成碩士論文研究，並且點綴我在乏味枯燥論文寫作過程中的生活，謝謝你們！

同時，我必須向遠在美國的 Pasha L.、香港的 Jeffrey、台北的 Siva、新加坡的 Eric、台中的小 a、木柵的 Regine 等致上謝意，由於你們的關心，讓我完成階段性的學業目標，並鼓勵我再次拾起失落已久的雄心抱負，勇敢圓夢。我知道未來的逐夢路途很苦，可是你們的經驗、支持與慰問總是讓我更踏實地面對不確定的未來。

最後，謹向所有學術社群的先進同好致敬，讓我們一起享受學術宴席、拼湊這塊版圖吧！

林義鈞

于台北木柵

二〇〇五年八月

前　言

　　在西方的政治發展研究中，呈現在傳統與現代之間的掙扎所造成的「認同危機」被認為是政治體系需要解決的問題之一，然而，在二次大戰結束後，許多殖民地相繼成立新興民族國家，認同危機已經不只是面對發展主義模式中的傳統／現代的掙扎問題，而是更進一步地擴展到殖民關係對國家認同構成的影響，當時代進入今日的全球化世界中，認同危機更進一步擴展到文化侵略的後殖民問題。

　　台灣處在多重殖民的歷史中，認同問題在八〇年代解嚴以後成為一新興的社會思潮，過去「中國人」鐵板一塊的國家認同之板塊逐漸轉變為「台灣人」以及其他分歧的認同，本文嘗試用新國家主義研究途徑，以國家能力的轉變作為解釋國家認同變遷的切入點，希望能提供另一扇研究與解釋台灣認同問題的窗口。

　　本書擬透過歷史研究、資料蒐集與統計分析等研究方法進行問題探討，章節架構分為下述三大部分：

第一部份　介紹國家能力影響國家認同的學說與指標

第二部分　計畫從國際因素、財政經濟因素與制度調控因素作為探討台灣國家能力之指標，說明國家能力指標如何影響台灣國家認同。

第三部分　為說明台灣的國家能力在國家認同變遷中

扮演非常重要的影響力。

　　預期的研究成果除了在學術上將西方的理論嘗試用來
解釋台灣的情勢外，還希望能提供台灣的社會、國家與企業
一個重新看待台灣國家認同變遷的新情勢與其原因。

Foreword

From the perspective of political development in the West, "Identity Crisis", a struggle between tradition and modernization, is thought one of the problems in the political system which should be solved. However, the trend of national-state establishment after W.W. II has made "Identity Crisis" not only a problem mentioned above, but also confusion over national identity through a process of omnipresent influence exercising by the preoccupied-country on the colony, in a larger sense. Moreover, when globalization proceeds, "Identity Crisis" is spread again into the postcolonial context indicated by culture-invasion. The history of Taiwan is multi-colonial, so the identity issue has become a new social thought after the martial law was declared ended in 1980s'. The Chinese identity, which was thought a monolithic bloc in the past, now switches into the Taiwanese identity and others. This dissertation tries to use the neo-statism approach to explain the change of identity in Taiwan in a hope to provide another window to the studies on the identity problem in Taiwan. This dissertation, which aims to analyze the identity problem in Taiwan by history review, data collection and statistics, is structured into three parts. The first is to introduce the theory and indexes of state capacity influencing national identity. The second is to use three indexes, factors of international environment, factors of finance and economics, and factors of system-control, to show how state capacity influences national identity in Taiwan. The last part is to elaborate on the influence of the state capacity of Taiwanese government play an important role in the face of national identity transition. This dissertation not only hopes to apply western theories to Taiwan's situation, but also hopes to provide the society, the government, and the industry a view on developments and reasons of the changing national identity in Taiwan.

目　錄

圖表目錄

圖次目錄

表次目錄

第一章　導　言

「台灣究竟是不是國家？若是國家，應如何正名？
是中華民國還是台灣共和國？若非國家，那又是什
麼呢？……

今日超過兩千一百萬的台灣住民身份究竟是什麼？
是台灣人還是中國人？或既為台灣人又為中國人？
此處作為語源的中國人又是指誰？

再者，現今存在於台灣的統治機構該如何定位？是
『政府』？還是單純的『當局』？這個實際統治台
灣的統治機構在國際社會中應被如何看待？」

〜若林正丈[1]

第一節　研究動機

　　一九七〇年代是台灣的國際生存空間大幅萎縮的年
代，台灣隨著中國代表權喪失的情況下，逐漸失去世界各國
的承認，國家的合法性受到影響，國民黨轉而憑藉著經濟實

---

[1]　若林正丈著，賴香吟譯，蔣經國與李登輝（台北：遠流出版社，1998），
　　頁 1-2。

1

力與財政汲取能力支撐政權的合法性與意識型態的解釋權，企圖延續著國家的獨立自主性。進入了一九八○年代，國民黨統治政權面對的台灣情勢不只是國際環境困境，還包括了國家機器的衰弱、經濟的停滯發展與社會挑戰的興起，當時的國民黨政權在政治、經濟層面所面臨的危機正瓦解著其統治能力（governability）[2]與意識型態解釋能力。在政治上，國民黨政權面對的是內部的政權繼承問題與外部的反對運動持續發展；在經濟上，由於一九八○年代民間與政府投資率持續性的下降，造成經濟的泡沫化和金融危機。政治和經濟上的危機導致國家能力（state capacity）的大幅下降，社會挑戰力量的興起，國家所塑造出來的意識型態與願景遭到強大的質疑，國民黨政權統治的合法性面臨挑戰，民間社會對政治的觀感也由過去的消極與冷感轉向積極並且出現國家認同分歧的聲音[3]。

雖然蔣經國先生在晚年企圖以新的統治和調解方式整合國民黨政府與台灣社會的關係，但是在他一九八八年逝世前，這樣的國家社會重整計畫並未成功[4]。繼任的李登輝先生在任期初期面臨黨內嚴重的衝突與分裂，因而採取對外延伸國家機器範圍的作法，將台灣地方派系與民間資產家勢力

---

[2]　王振寰，誰統治台灣？轉型中的國家機器與權力結構（台北：巨流圖書，1996 年），頁 65-66。

[3]　朱浤源，「民國以來華人國家觀念的演化」，認同與國家：近代中西歷史的比較（台北：中央研究員近代史研究所，1994 年），頁 1-36。

[4]　王振寰，誰統治台灣？轉型中的國家機器與權力結構（台北：巨流圖書，1996 年），頁 72-74。

引導入黨國體制的權力運作，企圖透過拉攏逐漸強大的社會力量對抗國家機器內部的非主流派系。一九九〇年代中期，李登輝先生成功地鞏固住他的政權，逐漸充實了國家的能力，同時為了加強國家自主性的地位，李登輝先生藉著舉辦一九九六年的台灣首次總統直選，削弱代表中國的象徵意義，將台灣的國家機器重新改造，充分掌握國家機器。同時期，台灣的國家認同也在一九九〇年代出現明顯的變化，隨著國家機器被社會勢力的滲透，進行重新學習與改造的工程，以及國民黨內部嚴重的主流與非主流之衝突下，國家能力相對於社會能力而言是明顯地衰弱許多，因此，國家自主性的展現與政權合法性的延伸也擺盪在大中國的象徵意義與台灣人本土認同之間，甚至在一九九四年二月出現台灣人認同超越中國人認同的情況（見圖 1-1）。國家自主性的展現形式、國家能力的轉變過程、社會勢力的興起等因素，與國家認同之間存在著巧妙的關係。

　　在經濟方面，一九九〇年代初期東南亞與中國大陸經貿崛起，台灣經濟則進入轉型時期，大量的傳統產業進入東南亞與中國大陸投資，大量的外資也相繼轉進前述二地，台灣的民間投資與外資投資逐漸下降，因此，大幅弱化了政府的財政汲取功能。國家機器遂改採取新自由主義的態度面對遲滯的經濟發展與層出不窮的社會運動，一方面對內開放中上游的產業領域，拉攏國內企業投資台灣；另方面則撥劃「亞太營運中心」為對外經貿文宣主軸，吸引跨國企業來台投資，意圖創造其在經貿全球化浪潮下的定位，逐漸改善了台灣的經貿投資情況，使得國家汲取能力與調控能力獲得提

升，穩定了國家能力的獲得來源，並在本土化、中國化、全球化的浪潮中尋回國家自主性的地位。然而，轉型後的國家機器已經與台籍政經菁英密切結合，並逐漸擴展到從台灣下層社會獲得其合法性來源的渠道，使得國家機器欲求其在國際與兩岸關係中更明確的地位點，以保障其能力來源的取得。在此同時，台灣的國家認同趨勢在一九九六年之後亦出現「台灣人認同」穩定上升與「中國人認同」穩定下滑趨勢的現象（見圖 1-1、1-2）。國際情勢結構與經濟投資影響著政府財政汲取能力、經濟宏觀調控能力、政府政權的合法性，同時影響台灣人民的國家認同選擇。

　　二〇〇〇總統大選，代表台灣本土意識的民進黨候選人陳水扁先生勝出，民進黨與陳水扁先生為了使國家自主性在社會與國際重新展現，首先定義台灣為主權獨立的國家，目前的國名為「中華民國」[5]，其次對大陸的投資政策改採取「積極開放，有效管理」的立場，企圖透過優惠的稅率讓台商在台灣成立營運總部，達成管理大量台商至大陸投資的情勢。此時的國家機器將過去管制外的大陸台商納入機器的內部運作，國家滲透社會的能力與汲取資源的能力獲得延伸，而經濟產業的調控與轉型也達到階段性的轉型成果，再配合執政當局有意識地創造台灣史觀狀況下，國家政權的合法性形成奠定在「本土政權」的論述上，國家的自主性地位也藉著「本土政權」的論述在社會與國際中重尋出路。當國家汲

---

[5]　詳見一九九九年民進黨第八屆第二次全國黨代表大會通過的「台灣前途決議文」

取能力與滲透能力獲得改善，國家自主性透過新論述重新展現，政權的合法性論述也獲得支撐的情形下，民眾的自我認同在二〇〇〇年之後也充分顯示出自認為「台灣人」的國家認同遠超過自認為「中國人」國家認同的趨勢。

綜上所述，台灣從一九五〇年代至一九七〇年代，作為代表中國唯一合法政權的威權黨國體制「強國家—弱社會」的狀態存在過程中，已經培養出現代國家的輪廓，並且在國際空間與國內社會中具有了國家自主性與培養了國家能力。然而在一九八〇年代以後，隨著台灣國際空間的縮小與國內社會力量不斷的崛起，國家能力相對於一九七〇年代以前是削弱許多，已經孕育出的國家自主性也急於尋找一個新的定位點與論述說明。

哈伯瑪斯（Jurgen Habermas）認為國家需要不斷地在社會力量中尋找合法性，它是政權統治的基礎，也是政權需要自我維繫時自圓其說的過程，倘若國家政權在這個過程中無法維持有效的規範結構時，合法性就會出現危機，國家就不能獲得足夠民眾的忠誠支持，此舉將會發生認同危機，這時只要有足夠的社會族群開始挑戰國家的代表時，就有可能將政權合法性危機台面化，權力集團重組的時刻將會到來[6]。密格達（Joel S. Migdal）在分析第三世界的「弱國家—強社會」的關係時曾指出，弱勢的國家可以說是被存在的社會所合併，也就是國家會依著已經存在的社會力量，建立一個新

---

[6]　哈伯瑪斯（Jurgen Habermas）著，陳學明譯，合法性危機（台北：時報出版，1994）。

的統治模式[7]。但是，當國家採用一個新的統治模式時，它也會遭到國家本身的抵抗，這些改變會影響到國家全體的凝聚，包括：國家資源再分配的能力、建立合法性的能力，以及達到整合統治的能力[8]。因此，無論國家能力發展如何，國家自主性將會為自己尋求一個定位支撐，並藉此定位支撐來充實國家能力，影響其政權合法性論述的解釋權，並進一步展現其自主性的地位。當台灣的國家能力相對於七○年代以前呈現明顯衰弱，社會能力卻明顯強壯之際，台灣由於處在一個特殊歷史、地理狀態，使得國家自主性並沒有消失，國家機構與政府官僚正企圖尋求其新的定位點，藉以培養其國家能力，此舉也使得人民的國家認同也開始出現分歧與變遷，在此背景下，本論文的研究動機就是希望更深一層來說明與發問：台灣人民國家認同變遷的根本原因究竟為何？而國家能力又扮演什麼樣的角色？也因此，本文計畫的研究目的即是探討國家能力如何影響台灣人民的國家認同。

---

[7] Joel S. Migdal, Atul Kohli & Vivienne Shue (ed.), *State Power and Social Force: Domination and Transformation in the Third World* (N.Y.: Cambridge University Press ,1994), p.25.

[8] Ibid.,p.26.

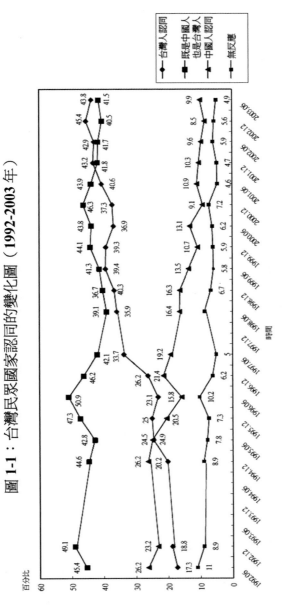

圖 1-1：台灣民眾國家認同的變化圖（1992-2003 年）

資料來源：政治大學選舉研究中心

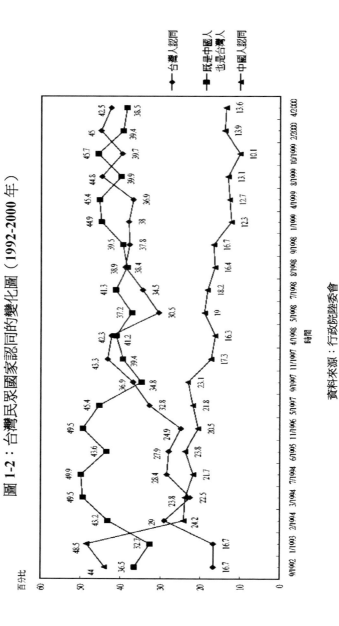

圖1-2：台灣民眾國家認同的變化圖（1992-2000 年）

資料來源：行政院陸委會

第二節　文獻回顧

一、台灣的認同議題回顧

　　認同的問題在二次大戰結束後逐漸成為各國所要面對的危機，由此現實的危機衍申出許多學術界的討論，不同的學科對身份認同議題也會產生不同的切入觀點與解釋內容。傳統社會科學對認同問題的切入點概可分成心理學、文化人類學、歷史學、政治學、經濟學、法律學、社會學等面向[9]，而台灣的認同議題分析主要可從政治學與法律學的自由主義、文化人類學與歷史學的民族主義、社會學的後學論述[10]等三方面作為切入點，形成不同的認同觀論述。

1、自由主義的認同觀

　　自由主義對國家認同的處理基本上是採取強調制度認同、降低文化認同的作法。它鼓勵一個自由民主體制中的公民應多思考自己所要認同的國家，在政治經濟社會制度方面是否具備足夠合理的設計，而不是思索自己認同的國家是不是由一個同質性的族群所構成，以及她是否反映自己所鍾愛的文化風尚。自由主義認為民族主義追求的虛構集體認同之

---

[9]　可參考：石之瑜、姚源明，「社會科學研究認同的幾個途徑」，東亞季刊（台北：政大東亞所，2004），第 35 卷，第 1 期，頁 1-36。

[10]　後學論述包括後殖民主義、後現代主義、後結構主義等學說。

號召所付出的代價太高，不可能提供政治社會所需要的基本統一之共識基礎。相反地，這類的共識基礎只有政治經濟制度，當制度良善時，公民自然以自己的國家為傲；當制度不合理時，即便是強烈呼籲全國人民犧牲奉獻也不會有積極的回應。因此，制度的精進與否，遂成為衡量合理愛國心與合理國家認同的最佳指標[11]。

在台灣，自由主義思想是在台灣社會面對國民黨政權威權主義之反應，自由主義的憲政認同強調個人權利，防止國家侵權的論述在八〇年代以前扮演非常重要的批判角色。台灣自由主義思想的發展較少透過專著呈現，而是以雜誌文章與報紙評論來闡述。其中，又以雜誌文章為主，包括一九五〇年代以貫徹自由憲政對抗共產專政為批判傳統的《自由中國》雜誌，六〇年代標榜五四精神提倡全面西化與現代化的《文星》雜誌，七〇年代標舉「革新保台」的《大學雜誌》，以及跨越七〇、八〇年代，以闡釋憲政民主觀念體系為首要之義的《中國論壇》等[12]。到了一九九〇年代以後，由於新聞媒體的解禁使得以自由主義思想為號召的報章雜誌之重要性不再被凸顯，取而代之的是以本土學者為號召力而形成的「澄社」團體，以標榜自由主義信仰針砭政府為其職志。

然而，一九八〇年代以前的《自由中國》、《文星》、《大學雜誌》、《中國論壇》等雜誌之一貫特色是延續五四

---

[11] 江宜樺，自由主義、民族主義與國家認同（台北：揚智出版，1998），頁110。

[12] 江宜樺，自由民主的理路（台北：聯經，2001）。

「民主、科學」的精神，強調在此精神下追求一套「最大多數人最大幸福」的生活與其相對應之制度，藉以成為華人政治圈的典範。這樣的政治思想所衍申的認同觀在中國代表權的消失與國會全面改選等政治合法性內容轉移後，遂轉而出現統獨論述的對抗，使得一九九〇年代以後，自由主義在台灣的影響力呈現急遽下降的趨勢，民族主義為主的政治意識型態與其相對映認同觀在此之後完成更迭交替[13]，同時使得原本以承繼自由主義為號召的「澄社」團體在此趨勢的影響下，難免出現其民族主義的浪漫情懷[14]。

此外，由於一九八〇年代中期以來各種歐美新興思潮由返國學人引進，使得自由主義的完整思想逐漸在台灣形成成熟的認同論述，同時造就了以自由主義為基礎的「務實性國家認同」論述，其內容包括了個人權利、多元寬容、立憲政府、國家中立、私有財產與市場經濟等原則，代表人物則是江宜樺、吳乃德、吳叡人、汪宏倫、林佳龍等。

2、民族主義的認同觀

民族主義源於浪漫主義的情懷，主張具有相同種族血緣、歷史文化、語言、宗教，或是共同生活習慣的人構成一個民族，這群人珍惜他們的民族遺產，不接受其他民族的統治，因此要求政治上的獨立自主或是民族自治的狀態。

以民族主義方式論證國家認同，從而得出台灣必須與中國統一的理論一直是國民黨遷台以來，官方所提倡並容忍的

---

[13]　錢永祥，縱欲與虛無之上（台北：聯經出版社，2001），頁 314。

[14]　江宜樺，自由民主的理路（台北：聯經，2001），頁 304。

唯一說法，並成為國內公民教育的主流。即便是以批評國民黨施政的自由主義學者，或是左翼知識份子也不排斥在國家認同問題上採用上述民族主義式的思維，這其中包括了王曾才以中華民族的種族血緣文化為主要根據，說明中國統一的必要性[15]；胡佛以肯定中華民族的整體尊榮感為前提，希望以和平方式解決中國統一的問題[16]；陳映真以想像的漢族主義解釋歷史上一切有關的中國概念和情感[17]；陳昭瑛則透過新儒家的文化詮釋，企圖為中國認同創造吸引力，消弭台獨認同的內容[18]。

　　同樣的，民族主義的獨派人士雖然也是以種族血緣、歷史文化、共同生活經驗為其台灣認同的支撐基礎，但是這些支撐基礎與中國認同的論述內容差異並不大，使得民族主義的台灣認同論述常會發生獨派陣營的內部批判現象[19]。民族主義的台灣認同論述主要是以早期的廖文毅、簡文介、史明、王育德為主，而李喬、陳芳明、盧建榮、林濁水、王拓、

---

[15] 王曾才，「中國的國家認同與現代化」，收錄於中央研究院近代史研究所主編，「認同與國家：近代中西歷史的比較」論文集（台北：中研院近史所，1994）。

[16] 胡佛，「政治文化與青年的國家認同」，中國論壇（台北），第15卷，第12期，1983，頁16-19。

[17] 陳映真，「向著更寬廣的歷史視野」收錄於施敏輝主編，台灣意識論戰選輯（台北：前衛，1988）。

[18] 陳昭瑛，「論台灣的本土化運動：一個文化史的考察」，中外文學（台北），第23卷第9期，1995，頁6-43。

[19] 江宜樺，自由主義、民族主義與國家認同（台北：揚智出版，1998），頁148。

張茂桂等則是當前思潮的學者,他們主張台灣的移民在四百年來遭受外來政權統治,在歷次反抗運動中以孕育獨特的海島文化,此歷史發展與中國大陸有別,其文化型態兼容並蓄,故台灣雖與中國有部分重疊淵源,但是目前已經完成一獨立完整的命運共同體[20]。

3、後學論述

現代政治的認同觀在後現代時期已經處於危機狀態,原因包括了政黨政治的沒落、國家政治的衰微、國族政治的退位、左右翼之分的泯滅以及公共領域的萎縮等,此外,後現代主義興起的政經因素還有東歐解體的衝擊、全球化的影響、多元社會的促進與消費主義的昌盛等,使得現代政治的同質性、統合性、理性、自主性、穩定性的認同觀轉而成為後現代的多元與分裂的認同。後現代的政治認同強調的是差異政治的原則與策略,主張認同是來自論述的型塑與限制,而落實於實際的政治層面則顯現於新社會運動上,後現代政治認同將不再追求普世涵蓋的國家認同,而是國家之內各個不同的社群認同。孟樊以九〇年代新興的社會運動以及二〇〇〇年宋楚瑜以無黨籍身份獲得四百多萬總統選票為例,說明後現代的台灣政治認同將展現在新社會運動的實踐上,而非國家認同[21]。

自從薩依德(Edward W. Said)的後殖民理論在全球化

---

[20] 江宜樺,自由主義、民族主義與國家認同(台北:揚智出版,1998),頁 150-151。

[21] 孟樊,後現代的認同政治(台北:揚智出版社,2001)。

時代興起風潮後，台灣的認同論述也同時捲入後殖民主義的漩渦中。後殖民主義主要是指在全球化時代的架構下，目前所處的時代仍然沒有超越殖民主義，帝國主義的「殖民化」展現在對「相對不發達」國家的經濟上進行資本壟斷、在社會和文化上進行「西化」滲透，移植西方的生活模式和文化習俗，從而弱化和瓦解當地居民的民族意識。而台灣的後殖民論述則具有對被殖民經驗的反省，與拒絕殖民勢力的主宰、抵制以殖民為中心的論述觀點，並且呼應後現代主義強調文化差異多樣性的「去中心化」（de-centring）傾向。代表的學者邱貴芬、廖朝陽、廖咸浩、廖炳惠等。

二、國家能力影響認同的文獻分析

在國家能力影響認同的文獻分析中必須將諾丁傑（Eric A. Nordlinger）對國家自主性的明確規範與分析架構先行介紹。諾丁傑在《民主國家的自主性》（On the Autonomy of the Democratic State）一書中，以公共政策的產出過程為例，探討國家與社會的相互影響關係，書中將國家視為一個主動積極地追求其偏好的角色，可以說是新國家主義研究中，率先將國家視為獨立變數的代表作[22]。諾丁傑書中的分析是建立在以下六個論點上[23]：

---

[22] Eric A. Nordlinger, *On the Autonomy of the Democratic State* (Cambridge, Mass. : Harvard University Press, 1981).

[23] ibid, p.7.

1、國家的偏好與社會的偏好有時並存，有時排斥。

2、當國家與社會的偏好不是相斥時，官員會把他們的偏好轉變成決策。

3、當國家與社會的偏好不會相斥時，官員常利用國家自主性強化國家能力，防止社會偏好不同於國家偏好。

4、當國家與社會的偏好相斥時，官員常利用國家自主性強化其能力，轉變社會偏好，聯結社會資源，迫使社會偏好不會背離國家偏好，再把官員的政策轉化成國家的權威決定。

5、當國家與社會的偏好相斥時，官員常利用國家自主性強化其能力，使官員不會受到社會偏好的束縛，然後使官員的偏好成為權威性的行動。

6、當國家與社會的偏好相斥時，官員常依靠國家部門的職能，轉化其偏好而成為權威性的決定。

　　由此可知諾丁傑的國家自主性具有三個基本概念：國家、國家偏好、權威性行動等[24]。諾丁傑的國家雖由官員組成，但是其自主性是自生的，並非因為社會影響而產生。這種自主性的自生源於官員的事業興趣、效忠組織的特性以及專業技術的交互影響[25]。

　　史卡區波（Theda Skocpol）在國家自主性是自生的前提下，進一步將國家自主性與國家能力分開來加以陳述。史卡區波認為國家能力可以藉由官僚體制的建立培養、歷史時勢

---

[24]　ibid, p.9.

[25]　ibid, p.15.

的把握與國際現實的支持等因素來強化之，國家能力的強化將會進一步發展國家的自主性，反之亦然[26]。史卡區波以法國、俄國、中國的革命為例，說明上述因素的國家能力強化將使得社會的強力團體與國家機器的幹部對國家機器合法性產生認同[27]。

　　王紹光與胡鞍鋼以國家能力的概念分析中國的中央政府在面對經濟成長、國家能力下降的情形下所應扮演的角色是更加強國家汲取財政的能力，藉以進一步提升宏觀調控經濟社會的能力與強制維持社會秩序的能力，以避免國家合法性的衰弱形成的認同變遷現象，此舉也將會造成國家分裂與社會解體[28]。

　　魏思與霍布森（Linda Weiss & John M. Hobson）的研究將國家自主性、國家能力的概念架構與個案詮釋的特性結合起來建構一個新的研究方向[29]，他們以國家經濟發展過程為主軸，根據國家統合能力與社會對抗國家干預能力為分析的兩面向，將國家與社會關係分別依據強、弱性質的不同而劃

[26] Theda Skocpol & Kenneth Finegold, " State Capacity and Economic Intervention in The Early New Deal." *Political Science Quarterly*, Vol.97, 1982, pp.275-278.

[27] Theda Skocpol 著，劉北城譯，國家與社會革命（台北：桂冠圖書公司，1998）。

[28] 王紹光、胡鞍鋼，中國國家能力報告（香港：牛津大學出版社，1994）

[29] Linda Weiss, & John M. Hobson, *State and Economic Development: A Comparative Historical Analysis* (Cambridge: Polity Press, 1995).

分出四種主要的國家類型[30]，這四種類型分別是：國家統合能力強，社會對抗能力強的彈性國家（Flexible State）；國家統合能力弱，社會對抗能力強的服務性國家（Service State）；國家統合能力強，社會對抗能力弱的發展型國家（Development State）；國家統合能力弱，社會對抗能力弱的掠奪型國家（Predatory State）。密格達（Joel S. Migdal）則用此概念分析第三世界國家的弱國家、弱社會情勢之產生通常是在巨大事件變動後，如自然災變、戰爭等而影響到原本社會控制者的資源取得與認同來源，這將威脅到人民的生存。這種弱國家與弱社會的國家與社會關係，在密格達眼裡被認為是無政府的狀態，此狀態造成認同的嚴重分歧，如一九三九年到一九四五年的中國與一九一〇年到一九二〇年的墨西哥[31]。

　　李琮進一步指陳第三世界國家因為社會階級結構在脫離殖民母國後進行大幅度的改變，社會傳統的家族、部落、教派團體林立，官僚貪污腐化嚴重，以及國內嚴重的種族對立等情形解釋第三世界國家能力衰弱的原因，國家能力的衰弱將造成政局惡化，經濟惡化，這勢必會拖垮政治的合法性與認同度而陷入無止盡的惡性循環中[32]。

　　將國家能力的研究途徑來探討台灣的政治與經濟發

---

[30] ibid , pp. 243-244.

[31] Joel S. Migdal, *Strong Societies and Weak State: State-Society Relations and State Capabilities in the Third World* (Princeton, N.J. : Princeton University Press, 1988), pp. 33-34.

[32] 李琮，第三世界論（北京：世界知識出版社，1993），頁 421-422。

展，或是探討台灣的政治與社會互動的相關文獻相當豐富，可是由國家能力的研究途徑來探討台灣國家機器的合法性，以及國家認同轉變的文獻仍屬少數，最具代表性的人物包括杭亭頓（Samuel P. Hungtington）、若林正丈，以及王振寰與錢永祥。

　　杭亭頓認為台灣一九八九年時期的台灣與巴西、土耳其一樣，都受到一向被排除在分享權力圈子外的政治反對力量的挑戰，而這些反對力量都把國家認同當作挑戰的訴求，台灣的國家機器在面對越來越強大的反對力量與社會團體時，為了維持政權的合法性，國家只能採取兩種方式處理，一種是繼續把這些反對力量排除在權力圈外，不論是用民主或是不民主的手段；另外一種則是政權進行自我調適，在國家認同的意識型態上進行改變，甚至於根本就放棄它原來的意識型態[33]。文中，杭亭頓已經說明了台灣的國家機器在面對社會力量挑戰時已經逐漸失去了過去歲月的自主性與能力，國家機器勢必要對社會的挑戰力量、國家的認同分歧有所回應，藉以求得國家政權在台灣統治的合法性。可是，杭亭頓卻沒有明確解釋出為何台灣的執政黨選擇了自我調適國家認同的意識型態改變，而沒有繼續把反對勢力，以及反對勢力的意識型態排除在國家的權力之外，亦即杭亭頓沒有把國家政權的合法性來源解釋清楚。

---

[33]　Samuel P. Hungtington, "The Context of Democratization in Taiwan", Keynote Speech at the "Conference on Democratization in the Republic of China"(Taipei, 1989, January).

　　若林正丈的《台灣─分裂國家與民主化》一書中，將台
灣威權體制的政治控制及社會控制進行非常細緻的描述，雖
然若林正丈不是有意識地呼應以國家為中心的研究途徑，但
該書對於國民黨國家何以擁有可以控制國家結構的能力，著
墨相當多，可以說實質上對於台灣的國家能力做了比較深入
的分析[34]，但是，由於若林正丈的一書中旨在介紹「後蔣經
國時代」台灣黨國體制的變遷過程，所以，對於社會結構變
遷中的種種特徵，尤其是政治認同的變遷等現象的基本原因
並沒有詳細說明。到底是因為國家能力的衰弱，使得經濟力
的本省人向政治力的外省人挑戰，造成國家機關與認同的變
化？還是國家機關主動因應這種政治力和經濟力之間的矛
盾問題，促成國民黨不得不進行「本土化」的原因呢？若林
正丈並沒有觸及。

　　王振寰與錢永祥認為台灣社會在七〇與八〇年代的國
際情勢轉變與反對運動有組織性的興起過程中，伴隨產生出
「國家認同」的爭議，這個爭議在自由化、民主化與本土化
的政治體制轉型下更加激烈，不論執政的國家機器或是反對
的在野黨派都想加入「想像共同體」的架構行列中。王、錢
的文中甚至認為台灣的國家機器在此過程中，已經全面加入
召喚台灣人民邁向新國家的使命，使得國家認同出現變化。
因此對於台灣國家認同的觀察點必須分別從政治與社會的

---

[34]　若林正丈著，洪金珠、許佩賢譯，台灣─分裂國家與民主化（台北：
　　月旦出版社，1994）。

19

轉型著手，而不應只是單向地偏重於社會面[35]。

第三節　研究途徑、分析架構與研究目的

一、研究途徑

在國家認同的議題上，台灣學界普遍以憲政自由主義、浪漫民族主義、後現代主義、後殖民主義等為研究途徑，試圖分析與解釋台灣國家認同變遷之現象，可是上述研究途徑並無法有力解釋台灣與大陸在文化歷史血緣地理等因素相近，民間社會又高度互動的情況下，卻在一九九〇年代呈現出國家認同往台灣人認同傾斜的現象，因此，本文希望以「國家」角度出發重新解釋上述的現象，新國家主義遂成為本文所依循的研究途徑。

一九七〇年代以降的新國家主義強調：第一，國家的自主性與國家能力；第二，國家本身具有特定的目標，並成為制訂公共政策的一個要角；第三，透過國家意志及目標的實現，國家可以改變政治生活的本質。因此，「國家」在新國家主義研究途徑的學者眼中，將不再僅僅是各種政治利益的角力場。新國家主義研究途徑重新重視國家的重要性並非排拒原有多元主義，或是排拒其他專門針對階級、團體等分析

---

[35] 王振寰、錢永祥，「邁向新國家？民粹威權主義的形成與民主問題」，台灣社會研究季刊（台北，1995）第二十期，頁 17-55。

單位的研究，相反地，其主要目的是將國家重新拉回研究的
舞台，從歷史長期流動變化的觀點中分析國家與社會互動關
係的轉變，從而掌握政治生活和政策制訂的原動力。因此，
新國家主義除了不具有排他性以外，還具有重視長期歷史的
分析，著重國家相對於社會的能力及自主性的互動過程[36]。

　　換句話說，國家將透過正式的政策執行工具，以及非正
式的約定俗成滲透到社會生活的實際運作中，這種國家與社
會的互動過程，必須要放在總體經濟與社會發展的相關歷
程，並且在此歷程中分析長期間的國家目標及國家行動的持
續與演變，才能更清楚的瞭解國家如何建構、解構、疏通，
以及限制社會利益的發展。當然，新國家主義除了縱向的深
度歷史分析外，也講究橫向的跨國比較分析之基本單元，再
透過歷史的長期分析，新國家研究途徑將可以建構出一個立
體的分析網絡，以避免個案分析以偏蓋全的缺點。

二、分析架構與研究方法

　　由於新國家主義的研究途徑在一九七〇年代末期逐漸
興起，因此，以國家能力作為衡量各國的政治與社會之關
係，說明各政權的的合法性能力的興衰已經成為一成熟的研
究方向，本文也是在新國家主義研究途徑的方向上，說明台

---

[36]　Dietrich Rueschemeyer, Huber Evelyne Stephens, John Stephens,
　　　Capitalist Development and Democracy, (Chicago: University of Chicago
　　　Press, 1992), pp. 5-6.

灣的國家自主性與國家能力滲透入台灣社會的情勢，鞏固國家政權的合法性，進一步藉著國家認同的評斷標準佐證台灣的國家自主性與國家能力滲透社會的情形。至於本文的國家能力影響國家認同的分析指標則是以國際結構、財政汲取與民主制度等三項作為分析指標，在此三項指標下形成如下圖1-3 的分析架構與研究步驟。

　　本論文的研究步驟計畫先從蒐集國家能力影響國家認同的學說開始進行指標的界定，相關指標計有國際結構、財政汲取與民主制度等三項，在此三項指標中，本論文將蒐集與說明台灣在一九七〇年代至今的國際情勢轉變之歷史、財經政策與相關統計之數據，以及民主化之開放進展過程。以上三項指標內容中，本論文將依序分析上述指標內容與政大選研中心及陸委會自一九九二年以來的台灣民眾國家認同統計數據間的變化進行說明（見圖 1-1、圖 1-2），期望能說明台灣國家自主性、國家能力的發展狀況與探討出台灣民眾國家認同轉變的原因。

圖 1-3：研究步驟計畫流程圖

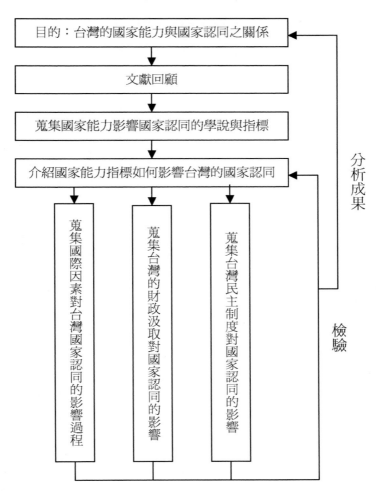

資料來源：作者整理

　　在此分析架構中，本論文需要大量的文獻資料與統計數據，因此本論文採取的研究方法主要是文獻分析法、歷史研究法與統計比較法。在資料蒐集過程中，歷史文獻資料已經相當充分，所以這將不會形成研究進行的困擾，反而在統計數據的取得有較多的困難，其中，台灣在九〇年代以來的國家認同統計數據與台商對外投資的精確數據會是最難取得的統計資料。在台灣國家認同的統計數據方面，對台灣的國家認同有較長期觀察與統計的單位只有陸委會與政大選研中心，因此，本論文將分別羅列上述兩單位的統計數據，作為國家認同數據的資料參考，希望能勾勒出自九〇年代以來的國家認同趨勢；其次，由於台商對大陸投資的數量始終是個難以確定的資料，所以本論文需要的台商對外投資的數據資料將會是一大挑戰，因此本人希望透過外貿協會以及兩岸民間社團的幫助瞭解台商到大陸投資的情況，估計出台商對外投資的大概額數。

三、研究目的

　　哈伯瑪斯以國家需要在社會不斷地尋求合法性，藉以獲得人民的忠誠支持，然而，倘若國家失去了創造合法性的能力，其合法性將出現危機，進而發生認同的危機，此時只要有足夠的社會力量或團體挑戰國家的代表時，將可能使得國家的合法性危機台面化，進一步形成權力集團的重組契機

[37]。史卡區波在《國家與社會革命》中說明一個政權崩潰的原因，並不能只是簡單的導因於政權體制的合法性在自己幹部及其他強力團體眼中的消褪而已，相反地，史卡區波進一步認為政權體制合法性的衰弱只是一個中介變數，政權崩潰的根本原因應該是在國家組織的結構和能力的表現，而國家組織的結構和能力的表現可以從國內的社會經濟結構與國外的條件和壓力做為分析的切入點[38]。本文希望結合哈伯瑪斯將認同變遷導因於政權合法性的危機，以及史卡區波將政權合法性衰弱歸因於國家能力的消褪等兩論點，嘗試用國家能力的轉變解釋台灣人民國家認同變遷的過程，預期的研究成果除了在學術上將西方的理論嘗試用來解釋台灣的情勢外，還希望能提供台灣的社會、國家與企業一個重新看待台灣國家認同變遷的新情勢與其原因。

在政治發展的研究理論中，「認同危機」一向被視為政治體制亟需要解決的問題之一，而民族國家的建立有助於解決歸屬感的兩難[39]。相對於西方國家的政治發展狀況，亞、

---

[37] 哈伯瑪斯（Jurgen Habermas）著，陳學明譯，合法性危機（台北：時報出版，1994）。

[38] Theda Skocpol 著，劉北城譯，劉北城譯，國家與社會革命（台北：桂冠圖書公司，1998），頁 36。

[39] 白魯洵（Lucian Pye）認為政治發展過程中是一個一種狀態到另一種狀態的過程，在此過程中會出現一系列的政治危機，包含認同危機、合法性危機、參與危機、分配危機等而認同危機的表現在於傳統與現代之間的認同掙扎。詳見 Lucian Pye, *Aspects of Political Development: an analytic study* (Boston : Little, Brown, 1966).

非、拉美等國家雖然將民族自決的方法與民族國家的建立視
為政治運動的最終手段，但是，這些國家的認同危機卻不僅
只是限於發展理論中的傳統／現代的認同危機，殖民關係的
後續影響更進一步影響著這些新興國家的認同危機，台灣的
情況是典型的代表。台灣在近四百年的政治發展中，是典型
的殖民或準殖民的統治歷史，在其中的多重殖民經驗已深植
在台灣集體記憶與文化構成中[40]，因此，台灣的多重殖民經
驗造就出特殊的認同問題。當代台灣的認同研究中可以從民
族主義與自由主義等兩大理論中做分類[41]，民族主義是典型
的浪漫主義延續，它嘗試從鄉土的情感、受壓迫的悲情、特
殊的歷史經驗與生活方式、相同的價值觀念等，找尋集體的
認同，藉此塑造中華民族或台灣民族的主體性；自由主義的
認同是以「公民」的角度作出發，是理性主義的反射，它是
在認同自由憲政體制及保障人權等基本原則的基礎下，形成
整合政治社會內部多元分歧的共識。然而，無論是單一方面
的從民族主義，或是從自由主義來看待台灣的國家認同都失
之偏頗，難免會限於社會多元主義以社會為中心的迷思—過
於將社會力量誇大，忽略了國家的自主性，而且此舉也難以
解釋全球化現象對台灣人認同的影響[42]。因此，跳脫傳統的

---

[40] 包含了荷蘭與西班牙殖民統治、明鄭準殖民統治、清朝殖民統治、日
本殖民統治、國民黨準殖民統治等殖民經驗。

[41] 詳見江宜樺，自由主義、民族主義與國家認同（台北：揚智出版社，
1998）。

[42] 例如哈日風潮、哈韓風潮等趨勢對年輕一代認同的影響，以及 TVBS
在 2003 年 8 月 19、20、21 日所做的民調顯示，超過半數的七年級生，

從民間社會角度以民族主義、自由主義研究途徑出發來探討「認同危機」是學界必要的嘗試，尤其在如今全球化的時代，強調全球治理的概念[43]，從各個治理的節點來綜觀全局可為傳統研究途徑的突破點，而本文從新國家主義的研究途徑，希望以國家的角度出發，強調動態與兼容並蓄的觀點來分析台灣的國家認同就是此嘗試之一，也希望本文的研究成果能擴充解釋認同現象變遷的學術理論與運用。

第四節　名詞解釋與研究限制

一、名詞解釋

「國家能力」（state capacity）

　　新國家主義的國家能力概念承襲自韋伯（Marx Webber）的理論基礎，韋伯在分析國家能力時，主要是從政府統治能

　　希望台灣成為美國的一州，希望與大陸統一的有 36%，這與接近半數的成年人，希望與大陸統一的民調數據相比，顯示七年級生較傾向成為美國的一州，交叉分析顯示，七年級後段班希望台灣成為美國一州的比例，比七年級前段班，高出了 19 個百分點。詳細內容見：
　　http://www.tvbs.com.tw/NEWS/NEWS_LIST.asp?no=tzeng2003090
　　2171612

[43]　「治理概念」相對於「統治概念」，亦即國家、社會、企業、第三部門、、等都處在平等的地位治理全球事務，詳見：李英明、張亞中合著，中國大陸與兩岸關係（台北：生智文化，2000）。

力（governability）來作分析，統治能力是指國家合法使用獨佔性權力的活動能力[44]。史卡區波（Theda Skocpol）由此基礎延伸定義國家能力為國家貫徹自己政策目標的能力[45]。密格達則將國家能力定義為一國中央政府影響社會組織，規範社會關係，集中國家資源，並加以有效分配或使用的能力[46]。王紹光、胡鞍鋼接受密格達的觀點認為國家能力是指國家將自己意志目標轉化為現實的能力[47]。綜合以上學者所述，本文認為國家能力是指國家將其政策目標和意志滲透到社會，有效發揮其影響力的能力，可以分為國家汲取社會的能力、規範社會的能力、控制社會的能力、適應社會的能力等作為具體的指標內容討論分析。

「國家自主性」（state autonomy）

　　新國家主義學者往往將國家能力和國家自主性並列討論，認為國家能力可以用來描述國家自主性的限制點，也就是說：國家自主性討論的議題是國家擁有主動制訂政策的地

---

[44]　Theda Skocpol, " Bringing the State back in : Strategies of Analysis in Current Research" in Peter B. Evans, Dietrich Rueschemeyer ,and Theda Skocpol (ed.) *Bringing the State back in*（New York : Cambridge University Press, 1985）, pp.7-8.

[45]　Ibid., p.9.

[46]　Joel S. Migdal, *Strong Societies and Weak State: State-Society Relations and State Capabilities in the Third World* (Princeton, N.J. : Princeton University Press, 1988), p.4.

[47]　王紹光、胡鞍鋼，中國國家能力報告（香港：牛津大學出版社，1994），頁 4。

位,是國家能力為何發展的中心要素[48]。因此,本文認為國家自主性指的是國家自認為可以控制其領土內之人民、社會與階級等的組織主體,達成國家行動者所設定的特定目標,而並非僅只是單純地反應其所掌控領土範圍內的社會、階級或團體的利益與要求之舞台。

「國家認同」(national identity)

國家認同是依據政治學所做出的認同觀。政治學所研究的認同,是指在主權國家已經建立且被承認的基礎上,指涉「國民」對自己國家的認同,認為這個國家的認同是指領土範圍之內所有人所共享的成就,並與疆域之外的人處於互不信任,隨時會進入敵我對立的狀態。國際政治學家認為:兩國無論文化、宗教信仰如何相近,仍不可避免有衝突,因此,沒有任何兩者之間是永久的盟友或敵人,各國領土疆域會因應權力的大小發生變化[49]。這個號稱為現實主義的基本態度,與現代國家的國家認同息息相關,因此而形成的「團體」(group),稱為「國民(state-nation)」,與以共通血緣、文化想像為基礎的民族(ethnic)不同。結果造成相同民族(ethnic)的人若分屬不同的國家,因為被另一個主權秩序所管,所以將會形成不同國家的國民[50]。政治學認同觀最常

---

[48] Joel S. Migdal, *ibid*, 1988, p.397.

[49] Kenneth Waltz, *Man, the State and War: A Theoretical Analysis* (New York: Columbia University Press, 1959); John J. Mearsheimer, *The Tragedy of Great Power Politics* (New York: Norton, 2001).

[50] Edward Mortimer, (ed.), *People, Nation and State: The Meaning of*

處理的現象是：由於後殖民國家常見到民族認同的力量超越主權認同的力量之情形，此種認同差距常被主流基督教國家菁英所質疑是否形成主權國家的理由，因此政治學家試圖說明，同一民族的人不能自由往返跨越主權國家之原因，與同一民族在不同主權國家卻受到忠誠質疑的理由。這種以「敵我區隔」所建立的認同，是政治學經常用來研究認同的角度[51]。因此，本文認為，當代政治學理論認為現代國家（state）需具有領土、人民、主權、政治制度等要素，在此國家領土內的人民稱為「國民」（state-nation），此國境內的所有國民被理想性地認為認同該國家及其國內的憲法規章與歷史，形成一想像出來的共同體。本文以國家認同（national identity）一詞取代民族認同（ethnic identity），希望以政治學角度來檢驗台灣的國家認同與國家能力之關係，藉以區分民族學的認同方法。

二、研究限制

由於台灣所處的地理位置相當靠近中國大陸，歷史上又有深厚的中國意識，安全上又受到中共的威脅，使得認同問題格外受到政府與社會的關注，此舉難免會牽涉到政治上的統一與獨立、領導者對「中國」的映象等意識型態的困擾，

Ethnicity and Nationalism (London: I. B. Tauris, 1999).

[51] 政治學封閉的知識論亦面臨自我的檢討，詳見 Michael J. Shapiro and Hayward R. Alker (eds.), *Challenging Boundaries* (Minneapolis: University of Minnesota Press, 1996).

因此，本論文會儘量避免談論統獨的議題、統獨相關統計數據，以及領導者意識型態等因素，希望能夠單獨的從台灣的國家能力興衰與轉變來看待其與國家認同的關係。但是，隨著中國大陸在經濟上的磁吸效應、在政治上的崛起強國姿態，以及中共強力的統戰宣傳下，未來的台灣國家能力削減與國家認同趨勢等研究勢必要將中國大陸的興起列入重要的影響因素，而此方向可以為政府施政提供參考，更重要的是提供有志於新國家主義研究途徑的學界下一個努力方向。

第二章　國家能力與國家認同

> 「國家是一個人類社群，其在特定領土內宣稱成功
> 地壟斷（獨佔）了該範圍內物質武力資源的合法使
> 用權……國家被視為具有運用暴力的『權力』的唯
> 一泉源」

$\sim$Max Webber[1]

第一節　國家能力如何影響國家認同

一、新國家主義的興起

　　傳統的政治學研究是從「法律」、「制度」層面來研究
國家，國家是政治最主要的內涵政治被認為與國家的運作劃
上等號，因此，只要把國家的概念釐清，就等於回答「何謂
政治」的問題[2]。但是，由於科學主義的迷思在二戰之後大

---

[1]　Max Webber, "The State and Its Context," in Roy C. Macridis & Bernard
　　E. Brown (ed.), *Comparative Politics* (Cal: The Wadsworth Inc. Press,
　　1990), p. 38.

[2]　如谷德諾（Frank J. Goodnow）將政治學界定為國家意志表現。Frank J.

幅興起，此風潮襲捲了社會科學界，使得政治學研究出現重大的變革，行為主義研究途徑（behavioral approach）躍為社會科學的主流，政治學被要求為一門可預測的科學，政治學者轉而關心公共政策的形成過程與實施效果，希望解決工業化之後大量的社會問題，此舉取代了法律、制度的純理論研究途徑，因此，在行為主義研究途徑下衍生出的系統理論、團體理論、多元理論等，均是有意地將國家概念略過，認為國家只不過是社會的反應場所，利益團體提供意見的匯集地罷了[3]。

　　一九七〇年代的新馬克思主義興起，對國家的研究概念，起了承先啟後的示範作用。新馬克思主義承襲了傳統馬克思主義的國家理論概念，認為國家是統治階級的工具、階級鬥爭的舞台的概念下，強調從結構性的觀點來觀察階級與國家之間的關係[4]，這也使得國家概念興起復甦的趨勢[5]。

Goodnow, *The Work of the American Political Science Association* (Lancaster, Pa.: Wickersham Press, 1905), p.37. 迦納（James Garner）曾說：「政治學始於國家，終於國家。」James W. Garner, *Political Science and Government* (New York: American Book Store, 1928), p.9.

[3]　此革命性的變革以大衛・伊士敦（David Easton）的系統論為關鍵起點。見 David Easton, *The Political System: An Inquiry into the State of Political Science* (Chicago : University of Chicago Press, 1981). "Limited of the Equilibrium Model in Social Research," *Behavioral Science* (April, 1956), pp.96-104. *A Framework for Political Analysis*(Englewood Cliffs, N.J. : Prentice-Hall, 1965).

[4]　David Marsh, Gerry Stoker 著，陳菁雯等譯，政治學方法論（台北：韋伯文化，1998），頁 355-357。

　　一九八〇年代之後，由於科學主義、行為主義的缺陷開始逐一顯現，使得政治學的典範開始轉向。由於行為主義只注重政治研究的科學性和準確性，把國家的組織表現、統治角色、統治基礎與統治正當性等價值規範問題刻意忽略。其次，行為主義的政治系統並不能取代國家，政治系統的邊界與國家的界線並不具完全相同意義，再加上二十世紀末葉，政府角色持續擴大，機構利益的議題日意突顯，使得西方國家所面臨的合法性危機不再是資本主義或社會主義的二元性結構問題，而是多元社會及其整合所帶來的「後學」思潮挑戰國家合法性地位的問題[6]，使得國家的作用再度被政治學界喚起，政治學者因而意識到必須以國家為中心（state-centered）才能解讀新時代的國家與社會間的互動，也才能找出根本的問題解決之道[7]。於是，西方學界在一九八〇年代之後，開始有學者提出「將國家重新找回」（bringing the state back in）的學術研究浪潮，其研究的特色就是再重拾起以國家為主體的研究途徑，企圖再建構更完整的國家理論，來解釋國家與社會的互動關係，進而形成一種新的典範

---

[5]　Martin Carnoy 著，杜麗燕、李少軍譯，國家與政治理論（台北：桂冠圖書，1995），頁 300-311。

[6]　王紅玲編著，當代西方政府經濟理論的演變與借鑒（北京：中央編譯出版社，2003 年 5 月），頁 200-203。

[7]　Theda Skocpol, " Bringing the State back in : Strategies of Analysis in Current Research" in Peter B. Evans, Dietrich Rueschemeyer ,and Theda Skocpol (ed.) *Bringing the State back in*（New York : Cambridge University Press, 1985），pp.4-7.

（paradigm）[8]，而這批研究國家的新生代學者被統稱為「新國家主義者」（neo-statists），其研究途徑被稱作為「新國家主義」（neo-statism）[9]。

　　一九八一年，諾丁傑（Eric A. Nordlinger）出版《民主國家的自主性》（*On the Autonomy of the Democratic State*）一書，引起了政治學界廣大的注意[10]。諾丁傑在處理國家與社會的關係時，提出了一個分析的模型，從此分析模型中，政治學者可以檢驗三種類型的國家自主性[11]。這使得馬克思主義中所強調的國家自主性研究，有了明確性的規範與分析架構。

　　克萊斯勒（Stephen D. Krasner）認為國家研究的取向具有下述特性[12]，由此更可以明瞭新國家主義興起的原因。第一，新國家主義的研究取材比較重視統治和控制（rule and control）的問題，關切國家在內外威脅下如何維持秩序；第二，新國家主義把國家視為影響政策制訂的行動單元或中介變數（intervening variable），而不是反應社會偏好與性格的

---

[8]　高永光，論政治學中國家研究之新趨勢（台北：永然文化，1995），頁 4。

[9]　高永光，「新國家主義研究興起的探討」，國魂月刊（台北：新中國出版社，1989 年 5 月），頁 78。

[10]　高永光，論政治學中國家研究之新趨勢（台北：永然文化，1995），頁 39。

[11]　Eric A. Nordlinger, *ibid*, 1981.

[12]　Stephen D. Krasner, " Review Article: Approach to the State: Alternative Conceptions and Historical Dynamics." *Comparative Politics*, Vol.16, No.2, pp.224-225.

舞台；第三，新國家主義重視制度和機構的約束，以及其對個人行為的影響與作用；第四，新國家主義特別注意特定歷史條件下的制度產出，其導致了後來的某些結果；第五，新國家主義所探討的重點不只是資源分配過程中所造成的衝突與解決之現象，更重要的是探討分配資源的規則之基本原因。

史卡區波（Theda Skocpol）更進一步將國家中心論學者的研究分析方式加以歸納為新國家主義者的研究假設，包括了如下的特點[13]：

（一）把國家視為一個獨立的行動者（actor）來研究。

（二）憲政體制的自由民主國家仍具有國家自主性。

（三）研究國家的理性行動程度，藉以探討國家如何面對社會團體，分析出國家為何、何時、如何採取符合國家偏好的公共政策。

（四）國家能力越高，越容易達成其訂下的目標，同樣地，國家能力越低，越難達成其訂下的目標。

（五）進行對國家能力的分析，藉以瞭解國家在特定政策形成過程中所扮演的角色。

（六）研究國家與特定政策的關連性背景，尤其是特定的社會經濟條件背景。

---

[13]　Theda Skocpol, *ibid*, 1985, pp.9-20.

二、國家能力的個案研究文獻

自從一九八〇年代新國家主義的研究途徑被突顯之後，以國家能力作為個案詮釋的分析方式成為研究國家與社會互動的新趨勢，也因為個案詮釋文獻資料漸趨豐富而得以修正、豐富國家能力的理論內涵。國家能力的個案詮釋文獻資料可以分為國家能力的性質、國家能力的衰退與增長、國家能力的實際指標來做分類[14]（見圖2-1）。

尹凡斯、如奇邁爾和史卡區波（Evans, Rueschemeyer & Skocpol）在《將國家重新找回》（*Bringing the State back in*）一書中將國家能力的研究途徑用來分析第一、第二、第三世界等國家的發展狀況後，認為國家能力的內涵包括了：國家自主性與國家能力是動態相關的、不對稱性的與具有矛盾性的[15]。此外，史卡區波在對美國一九三〇年代中的新政時期（The New Deal Period）研究中認為，國家能力是可以培養、成長與發展的[16]。霍勒和艾肯柏利（John A. Hall & G.. John

---

[14] 本文分類標準參考：陳啟清，國家與土地改革—戰後初期台海兩岸比較分析（台北：政大中山人文社會科學研究所博士論文），頁39-50。盧奕旬，八０年代以來政治學中「國家能力」研究之分析（台北，台大三民主義研究所碩士論文），頁22-23。

[15] Peter B. Evans, Dietrich Rueschemeyer ,and Theda Skocpol, " On the Road Toward a More Adequate Understanding of the State", in Peter B. Evans, Dietrich Rueschemeyer ,and Theda Skocpol (ed.), *Bringing the State back in*（New York : Cambridge University Press, 1985），pp.351-356.

[16] 高永光，論政治學中國家研究之新趨勢（台北：永然文化，1995），

Ikenberry）在《國家》（*The State*）一書中指出，國家能力的顯現，包括增長與衰退等現象，必須要透過工業化過程中的歷史背景來觀察，才可以得到證明[17]。

密格達（Joel S. Migdal）與王紹光、胡鞍鋼則嘗試用指標來衡量國家能力。

密格達認為國家能力可以從國家滲透民間社會、規範社會關係、汲取資源能力、佔有或運用資源等能力來觀察。而國家能力的強弱可以從國家控制社會的程度來衡量，至於國家控制社會的程度之指標又可以反映在服從、參與、正當性（Compliance, Participation, Legitimacy）等三項[18]。

王紹光、胡鞍鋼認為國家能力是指國家的中央政府能將國家自己的意志、目標轉化為現實的能力，這些能力包括：汲取能力（extract capacity）、調控能力（steering capacity）、合法化能力（legitimation capacity）與強制能力（coercive capacity）。在此其中以國家汲取能力最為重要，因此，王紹光、胡鞍鋼用下列公式來表達國家汲取能力[19]：

國家汲取能力＝預算收入/國民收入

頁 85-93。

[17] John A. Hall & John Ikenberry, *The State* (Milton Keynes, England : Open University Press, 1989), pp.95-97.

[18] Joel S. Migdal, *Strong Societies and Weak State: State-Society Relations and State Capabilities in the Third World* (Princeton, N.J. : Princeton University Press, 1988), pp.3-33.

[19] 王紹光、胡鞍鋼，中國國家能力報告（香港：牛津大學出版社，1994），頁 5-12。

　　式中，預算收入是指政府可以利用的社會資源，簡稱政府資源；國民收入是指社會可提供的資源總量，簡稱社會資源。

圖 2-1：國家能力研究途徑個案詮釋分類圖

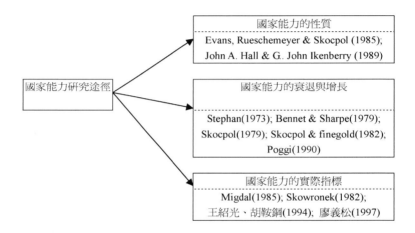

資料來源：作者自行整理

三、國家能力影響國家認同

　　政權的合法性與正當性和其轄下之百姓的政治認同支持與否有著極大的關係。哈伯瑪斯（Jurgen Habermas）認為國家需要不斷地在社會力量中尋找合法性，它是政權統治的基礎，倘若國家政權在這個過程中無法維持有效的規範結構時，合法性就會出現危機，國家就不能獲得足夠民眾的忠誠

支持，認同危機就將會出現[20]。

在吳國光所編的《國家、市場與社會》一書中，進一步將中國國家能力與其經濟、社會的關係進行深入探討，書中內容引新疆少數民族的衝突作為例證，說明中國必須加強國家能力塑造其領導的合法性地位，以避免少數民族的認同出現變化，造成國家分裂的現象[21]。

最詳細將國家能力的變數與政權合法化的關連性接連起來的文獻，莫歸於王紹光與胡鞍鋼在一九九四年的著作《中國國家能力報告》，此書將國家能力概括為四種[22]，包括了：汲取能力、調控能力、合法化能力與強制能力，四種國家能力都彼此聯繫相關（見圖 2-2），其中，國家汲取財政能力是最重要的國家能力，是國家實現其他能力的基礎，國家汲取財政能力的下降將會導致一系列的連鎖效應（見圖 2-3）。如果國家財政汲取能力下降，對於國家整體經濟的調控能力也會下降，此舉將會造成一系列的經濟危機與社會問題，並引起社會動盪，造成人民對政府，尤其是對中央政府的普遍性認同危機，這將使得中央政府的合法性下降。當政府面對這些危機時，又會不得不採用各種強制力量，包括軍隊、警察、特務等來維持社會秩序，此舉將會造成國家與

---

[20]　哈伯瑪斯（Jurgen Habermas）著，陳學明譯，合法性危機（台北：時報出版，1994），頁6。

[21]　吳國光編，國家、市場與社會（香港：牛津大學出版社，1994），頁224-235。

[22]　王紹光、胡鞍鋼，中國國家能力報告（香港：牛津大學出版社，1994），頁5-12。

社會的嚴重正面衝突，政府的合法性將會失去根基，政權就
岌岌可危，有可能導致國家分裂和社會解體的情形。因此，
國家汲取財政能力的下降，將會拖累其他三種國家能力的下
降；同樣地，國家汲取財政能力的上升，將會帶動其他國家
能力的上升。

圖 2-2：各種國家能力的相互關係

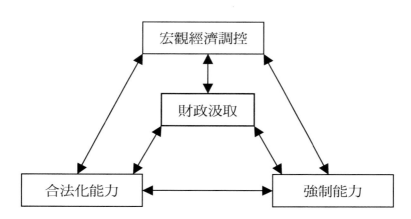

資料來源： 王紹光、胡鞍鋼，中國國家能力報告（香港：牛津大
學出版社，1994），頁 9。

圖 2-3：國家汲取財政能力下降以及後果

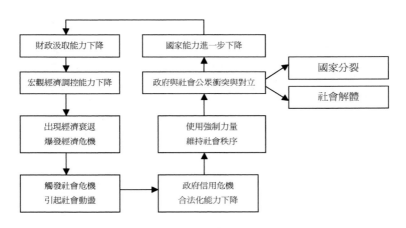

資料來源：王紹光、胡鞍鋼，**中國國家能力報告**（香港：牛津大學出版社，
　　　　　1994），頁 10。

　　此外，史卡區波（Theda Skocpol）也認為國家自主性的
實際程度之衡量與其之後的顯現，是以社會政治系統的特殊
類型，以及歷史國際環境來分析與解釋[23]，也就是說，界定
國家自主性的因素包含有國家內部結構與國家外部空間等
兩大因素。

　　國家內部的結構因素是指當國家面對國家機器成員有
不同的政策偏好時，社會勢力可能會滲入國家機器內部，影
響國家政策產出，當國家機器面對這些代表不同階級、團體

---

[23]　Theda Skocpol 著，劉北城譯，劉北城譯，國家與社會革命（台北：桂
　　　冠圖書公司，1998），頁 33-34。

等社會勢力折衝的過程中，就會顯現出國家的自主性。同樣地，國家存在的限定地理環境，並且與其他國家的相互作用過程中，也會相對表現出國家的潛在自主性，地理環境與國際情勢會賦予國家任務和機會，同時也會限定國家機器的能力界線[24]，也就是說在討論國家與社會的互動過程中，我們可以將國家外部環境對國家自主性的制約視作為國家與社會互動的既定背景，國家機器是外部因素的轉接器，將外部行動者對政策的壓力或利益，轉化為與社會行動者互動的基本條件與需求。

因此，史卡區波進一步指陳，如果國家組織能夠順利有效地處理國內結構與國外環境所賦予的任務時，那麼多數的社會團體都將會賦予國家的形勢和統治者該有的合法性地位，無論是道義的認可還是常見的接受現狀狀態[25]。在任何時候，國家合法性來源的最重要任務不是社會多數民眾的支持與默許，而是政治上強大而且動員的起來的團體之支持或默許。因此，在分析政權崩潰時，體制所塑造出的合法性在自己幹部及其他強力團體中所出現的消退現象，必須要視為中介變項，而非基本因素，真正的基本原因必須在國家組織的內、外結構，以及國家能力中去尋找。換言之，社會中的各個強力團體與國家機器中的自己幹部對國家機器合法性

---

[24]　Kock Wah and Jomo K. S. "Economic Theory and Industrial Policy in East Asia," in Robert Fitzgerald (ed.), *The State and Economic Development—Lessons from the Far East* (London: Frank,　1995), p.17.

[25]　Theda Skocpol 著，劉北城譯，國家與社會革命（台北：桂冠圖書公司，1998），頁 35-36。

的認可與認同是來自於特定的國際環境與歷史結構所塑造出的國家自主性，以及相應而出的國家能力所支撐。因此，國家的體制合法性之衰敗與社會認同之轉變的基本原因就是國家能力的衰退。

第二節　國家能力影響國家認同的指標

一、諾丁傑的國家自主性是自生

　　諾丁傑（Eric A. Nordlinger）是率先將國家自主性進行明確分析與具體規範的學者，在他以國家自主性程度與社會支持國家程度為橫縱指標所建構出的四種國家類型中（見圖2-4：諾丁傑國家能力分析圖），諾丁傑認為就算是國家自主性程度低，且社會支持國家程度低的弱國家在行動上也是可以排除社會偏好進行自主性意識之行為[26]。

---

[26]　Eric A. Nordlinger, " Take the State Serious", in Myron Weiner & Samuel P. Huntington (ed.), *Understanding Political Development* (Boston : Little, Brown, 1987), pp. 352-390.

圖 2-4：諾丁傑的國家能力分析圖

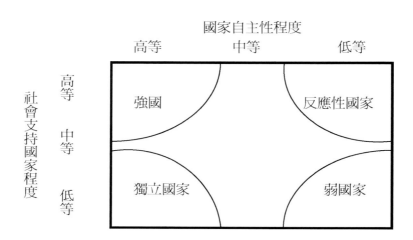

資料來源：Eric A. Nordlinger, " Take the State Serious", in Myron Weiner & Samuel P. Huntington (ed.), Understanding Political Development.（The Little, Brown Series in Comparative Politics, 1987), pp. 370

　　新國家主義的研究在諾丁傑將國家自主性進行規範與確認之後，紛紛以國家自主性是自生的前提上進行理論的擴張與鋪成。孟恩（Michael Man）認為國家發展的過程中會自動形成國家自主性的展現與國家能力的培養，而兩個變項的強弱表現將可區分出各種不同形式的國家類型[27]。魏思與

---

[27] Michael Mann, "The Autonomous Power of the State: Its Origins,

霍布森（Linda Weiss & John M. Hobson）在孟恩的國家自主
性與國家能力觀點上進一步詮釋，認為一個國家若只是重視
國家自主性的展現，將會導致該國的衰弱，然而，如果加強
國家能力就能使國家的權力獲得增長，進一步保障國家自主
性的展現。至於國家能力的加強方式可以從國家滲透社會能
力、國家汲取社會資源能力、國家與社會協商能力等三個指
標來作為解釋判準[28]。魏思與霍布森認為：國家與社會合作
進行工業化的發展是必要過程，此過程所培育出的強社會並
不會威脅國家的存在，相反的，如果國家能夠展現滲透能
力、汲取能力、協商能力等國家能力，那麼國家將會具有更
強大的自主性地位[29]。

　　傑賽普（Bob Jessop）對「國家」（state）賦予新的概
念。他認為新的國家機器形式具有霸權計畫、資本積累策
略，以及至政治制度等三個改進面向，以凝聚政策共識來面
對新的國際競爭趨勢。在霸權計畫上面，新國家企圖透過文
化、政治等政策塑造國族主義，凝聚政體與人民之間的共
識；在資本積累策略方面，新國家策略傾向新自由主義
（neo-liberalism），期望透過全面民營化、放鬆對企業管制、
壓制公會勢力、縮減福利預算、強化整體經濟的競爭力等，
企圖全面改造福利國家，扶植和強化私人企業的競爭力；在

Mechanisms and Results", *State, War and Capitalism: Studies in Political Sociology* (Oxford and New York: Basil Blackwell Ltd., 1988) p.7.

[28] Linda Weiss & John M. Hobson, *State and Economic Development: A comparative Historical Analysis* (Cambridge: Polity Press, 1995), p.7.

[29] ibid, pp. 243-244.

政治制度的改造方面，新國家希望比舊政權有更大的正當性，包括政治的民主化與國家機器的運作有改組和重組的趨勢面對內政與外交的挑戰[30]。

史卡區波將國家視為一個獨立的行動者，除了將官僚系統與政策、社會集團利益關係作為研究對象外，更將新國家主義研究擴及到國際社會對國家政策的影響。史卡區波在分析中國、法國、俄國的革命時認為國家在面對革命運動時有兩個面向，一方面是階級分裂的社會經濟結構，另一方面是國際條件的壓力，這兩方面的面向將使得國家能力受到影響而下降，進一步出現國家對其體制合法性論述的不足而出現認同的分歧與轉移，造成革命的發生[31]。

王紹光與胡鞍鋼藉著國家能力的概念分析中國在改革開放後市場經濟下的國家角色作為。王、胡認為國家能力有財政汲取能力、宏觀調控能力、強制能力與合法化能力等四項指標，這四項指標會互相影響，其中尤以財政汲取能力為國家能力中的核心指標，因此國家應強化中央政府的財政汲取能力，以避免中國大陸諸侯經濟的產生[32]。在王、胡的論述中，其將國家能力進行進一步具體指標規範，並且將國家的合法化能力也視為國家能力的一部份，可為新國家主義理

---

[30] Bob Jessop, *State Theory: Putting Capitalist States in Their Place* (Cambridge, U.K. : Polity Press, 1990).

[31] Theda Skocpol 著，劉北城譯，國家與社會革命（台北：桂冠圖書公司，1998），頁 35-37。

[32] 王紹光、胡鞍鋼，中國國家能力報告（香港：牛津大學出版社，1994），頁 88-90。

論的延伸。雖然王、胡二人並沒有直接提及國家合法化能力
與認同的關係，然而由其關注九〇年代中國大陸中央與地方
緊張的財政關係看來，不難會發現其對中共中央財政汲取能
力下降影響合法化能力，造成國家分裂的隱憂。這與哈伯瑪
斯將國家政權的合法化能力影響國家認同，造成革命發生或
國家分裂的想法不謀而合。

　　要將以上各種國家能力影響認同的指標適用於台灣的
情況必須有所取捨，取捨的標準必須考慮台灣的歷史、地理
背景因素。台灣在一九五〇年代進入國民政府統治狀態，然
而因為冷戰時期的特殊國際結構，使得台灣得以以「中華民
國」國號，代表中國唯一合法政權與各國進行外交工作，並
且在聯合國享有常任理事國的地位，這樣的特殊地位使得台
灣在國際社會上具有了國家自主性。其次，國民政府統治期
間在台灣創造的經濟奇蹟更培養政府的國家能力，更佳展現
出國家在對外的國際地位與對內的社會結構具有高度的自
主性地位，並且塑造出國際與國內都認同中華民國為中國唯
一合法政權的合法性論述。

　　七〇年代是台灣外交空間大幅萎縮的時代，聯合國排除
中華民國，將中共視為中國政權的唯一合法代表，而日本、
美國等大國相繼與中華民國斷交，中華民國政府將自己視為
中國唯一合法代表的論述在國際上遭到強烈的挑戰，使得國
民政府將政權的合法性轉移到台灣社會內部，開啟中央政府
與台灣的政治、經濟菁英交涉對話的契機，並轉而注意台灣
的經濟發展以建構並鞏固其合法性地位。然而，當一九八〇
年代中期以後，台灣的經濟陷入窘境，以及東南亞與大陸的

經濟崛起姿態時，台灣的社會開始出現挑戰國家合法性的危機，國家為了面對這樣的危機，逐漸往本土政權論述修正國家的合法性，改採民主政權的統治方法拉攏社會力量，並且積極進行經濟的轉型發展以鞏固國家的能力，確保國家自主性不受侵蝕，同時間的台灣民眾國家認同也出現明顯的轉移。

因此，本文說明台灣的國家能力與國家認同關係的理論假設前提是採用諾丁傑認為國家自主性在國家發展過程中將會自生，不會被國際或社會團體階級所侵蝕[33]。同樣的，台灣的國家自主性在五〇年代逐漸展現之後，也將隨其國家能力的發展與轉變而展現其生命力。九〇年代以後的台灣國家能力展現，無論在國際外交與國內經濟、社會上均出現明顯地希望擺脫「中國代表」的改變，這些改變鞏固了台灣的國家自主性地位，並且間接地改變了台灣人民的國家認同。在此背景下，本文採用史卡區波將國家能力的的發揮分為國際結構因素與國內經濟社會結構因素的兩指標作為分析台灣國家能力轉變的指標來源。

台灣的國家外部結構可以以一九七〇年代以來，台灣所面臨的國際外交處境作為分析依據，也就是從一九七〇年代以後的國際結構變化來看國民黨政權合法性的轉化與台灣人民認同的轉化；至於本文國家內部的經濟社會結構分析則是參考王紹光、胡鞍鋼的標準，包含了財政汲取能力與宏觀

---

[33] Eric A. Nordlinger, *ibid*, 1981, p.15, p.37.

調控社會的能力作為分析依據[34]。財政汲取能力是指國家機器吸收社會資源的能力，因此本文以台灣吸引外資投資、吸引台商根留台灣，以及經濟產業升級等政策與成效作為內容；宏觀調控社會的能力是指現代化過程中，國家機器採用何種制度滲透、調控社會，所以民主制度成為介紹台灣的國家機器滲透社會的判準內容。在國際結構、財政汲取與民主制度等三項指標下分析台灣的國家自主性與國家能力轉化，進一步檢驗此國家能力轉化過程與國家認同的關係是為本文的國家能力影響國家認同的指標來源（見圖 2-5）。

---

[34]　王紹光、胡鞍鋼，中國國家能力報告（香港：牛津大學出版社，1994），頁 9。

圖 2-5：國家能力指標

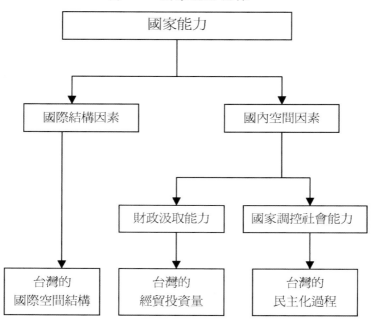

資料來源：作者整理

第三章　國際因素對台灣國家認同的影響

「第二十六屆聯合國大會違反憲章規定，通過阿爾巴尼亞等附匪國家之提案，牽引毛共匪幫竊取中華民國在聯合國及安全理事會中的席位；我們本漢賊不兩立之立場及維護憲章之尊嚴，已在該案支付表決之前，宣布退出我國所參與締造的聯合國。同時聲明，對於本屆大會所通過此項違反憲章規定的非法決議，中華民國與全中國人民，絕不承認其有任何效力。」

～蔣介石[1]

「不論歐洲、美洲、非洲、亞洲，不論承認中共與否，這個世界已經了『一個中國，一個台灣』的存在。」

～台灣自救運動宣言[2]

---

[1]　蔣介石，「中華民國退出聯合國告全國同胞書」書告，1971。

[2]　彭明敏、謝聰敏、衛廷朝，「台灣自救運動宣言」（1964），收錄於彭明敏文教基金會編，彭明敏看台灣（台北：遠流出版社，1994），頁187-198。

第一節　台灣在一九七〇年代至一九八〇年代的國際外交情勢

　　中華民國在台灣只佔有中國大陸不到三百分之一的土地，可是這片土地卻在一九五〇年代之後長期與「中華人民共和國」對峙，甚至在一九七二年以前得到世界上多數國家的承認，這足以見識到國際因素對中華民國的影響。在這段期間，海外各國對台灣的各種政策壓迫著台灣的國家機器不得不去面對與解決，尤其是美國與中共長期以來的對台政策使得台灣的國家機器逐漸學習出一套國際生存的方式。在面對與解決各種國際因素的過程中，國家機器不僅進行國家能力的培養，國家自主性的展現，更重要的是國際外在壓力讓台灣自然而然成為一個「共同體」的來源，而國家機器在此共同體的溫床中進行想像的工程以延伸其自主性。這段學習與想像的工程是在一連串的困境與機會中進行。

一、退出聯合國

　　台灣的中國國民黨政權政權在五〇年代的韓戰、六〇年代的越戰以及東西長期對抗的冷戰氣氛下，造成中共與美國的關係緊張，連帶使得「中華民國」得以在國際上享有充足國際空間以及聯合國的席次。然而在七〇年代，由於尼克森重新評估中共的戰略地位藉以制衡蘇聯力量的現實主義考

量下，中華民國的聯合國代表權正搖搖欲墜[3]。

　　早在一九五〇年代初期中共政權甫成立之時，聯合國中的蘇聯代表就提出「中國問題代表權決議案」，可是卻立即被否決[4]。自此之後的二十二年期間，聯合國席位成為關係我國國際地位、經濟利益，民心士氣的重要戰場，政府每年皆卯足全力，為代表權問題奮戰，這段期間大約可分成三個時期：第一、緩議時期（1951～1960）；第二、重要議題時期（1961～1970）；第三、變相重要議題時期（1971）[5]。

　　一九五一年到一九六〇年期間，印度及蘇聯要求把中國代表權列入議程的建議都在美國的運作下失敗，而我國所採取的策略是敦促聯合國大會通過決議，表示該屆大會不審議任何關於排除中華民國代表權的提案，也就是所謂的「緩議案」。到了一九六〇年的第十五屆聯合國大會會議中，由於贊成「中國代表權問題」擱置案的國家僅比反對的國家多出八票，於是一九六一年美、日、澳洲、義大利及哥倫比亞五國提議將中國代表權問題列為需要「三分之二」多數才能通

---

[3]　許介鱗，戰後台灣史記（台北：文英堂出版社，1996），頁392。

[4]　一九五〇年一月十三日，聯合國安理會投票蘇聯所提的「排我納中共案」，表決結果，六票反對（美國、中華民國、法國、埃及、厄瓜多、古巴），三票贊成（蘇聯、印度、南斯拉夫），兩國棄權（英國、挪威），中共首次進入聯合國的企圖至此之敗。詳見：高朗，中華民國外交關係之演變，一九五〇～一九七二年（台北：五南圖書出版，1993），頁180。

[5]　高朗，中華民國外交關係之演變，一九五〇～一九七二年（台北：五南圖書出版，1993），頁183。

過的「重要議題」，中華民國才得以繼續維持聯合國的中國代表權。但在一九七〇年第二十五屆聯合國大會上，阿爾巴尼亞的「接納北京政府，排除國民黨政府」的決議案首次出現贊成票多過反對票的情況（51：49，棄權 25）[6]，使得美國急於思考如何面對接下來的中國代表權問題，一九七一年八月二日國務卿羅吉斯發表聲明，表示美國將支持中共取得聯合國席位，同時也將反對任何驅逐中華民國的行動，此一聲明勾劃出「雙重代表權」的藍圖[7]。

美國一方面在現實考量上希望中共進入聯合國，另一方面在邦交情感考量上又不希望中華民國退出聯合國，於是「兩個中國」便成為解套方法。美國在一九七一年四月重提「台灣地位未定論」的說法，為「兩個中國」理論進行實踐上的試探性鋪路，希望由中共取代聯合國中國代表權的地位，並享有安理會的席位，而台北的國民黨政權則因為中共仍不能對台灣行使合法政權下，將另行擁有聯合國大會的席位。中華民國在此構想中，將可合法地佔有聯合國席次，並在時效原則下，繼續享有國際地位的主權正當性[8]。因此一九七一年九月，美國政府同時向聯合國提出兩項議案，一是將剝奪中華民國在聯合國之代表權列為重要議題，需三分之

---

[6] 李筱峰，台灣史一百件大事（下）：戰後篇（台北：玉山社，1999），頁 88-89。

[7] 高朗，中華民國外交關係之演變，一九五〇～一九七二年（台北：五南圖書出版，1993），頁 191。

[8] 張亞中，美國對台灣地位與前途的認定，發表於台灣政治學會主辦「台灣政治學會 1998 年年會暨學術研討會」（台北：1998.12.13），頁 8-9。

二才能通過，由此可知，美國將重要議題範圍縮小了，僅用在「排我」；另一是兩個中國的「雙重代表權案」，要求同時承認中華民國與中華人民共和國。此二項提案使得聯合國的中國代表權議題成為「變相重要議題」。十月的投票結果，在五十九票反對，五十五票贊成以及十五票棄權的情況下，美國所提的重要提案被否決，中華民國代表團的周書楷團長便宣布退出聯合國[9]。隨即在聯合國二七五八號決議案通過後，中共取得中國在聯合國的代表權以及安理會成員的地位，而中華民國也立即退出在聯合國的組織及其所屬一切機構的席位[10]。

　　由於蔣介石認為「毛共匪幫是中華民國的一個叛亂集團」，基於「漢賊不兩立」的立場[11]，使得其對聯合國的看法是無法接受中共的入會案，而美國為此設計的「兩個中國」提案也不被蔣政權所接受[12]。在觀念上，只要與中共建交者，

---

[9]　許介鱗，戰後台灣史記（台北：文英堂出版社，1996），頁 392-398。

[10]　李筱峰，台灣史一百件大事（下）：戰後篇（台北：玉山社，1999），頁 89。

[11]　蔣介石，「中華民國退出聯合國告全國同胞書」書告，資料來源：台北：中正文教基金會，1971。

[12]　儘管有部分學者認為美國所提的「變相重要議題案」如果通過，我政府極有可能接受「雙重代表」安排，但是，國民政府一直無法接受一九六〇年代中期以來聯合國大會關於「兩個中國」議案的討論，使得國民政府從「緩議案」到「重要議題案」，以致最後的「變相重要議題案」都是被逼到最後才考慮改變。詳見：高朗，中華民國外交關係之演變，一九五〇～一九七二年（台北：五南圖書出版，1993），頁 215-221。

中華民國必主動予以斷交，中共也是如此，這也是日後「一個中國」原則提出的背景。

二、中華民國與美國斷交

　　尼克森考量的國際戰略架構是希望利用「中」蘇共關係惡化的情形下，聯「中」制蘇，因此他利用一九六九年「中」蘇共發生「珍寶島事件」的背景因素下，開始向北京傳達改善關係的意圖。一九七一年四月中共邀請在日本的美國乒乓球代表隊參訪中國大陸，尼克森立即批准，展開「乒乓外交」，並且宣布全面解除對中國大陸貿易的禁運措施。同年七月，國務卿季辛吉在訪問巴基斯坦期間密訪北京，並與周恩來會談中共加入聯合國等事宜。一九七二年二月十八日，尼克森前往中國大陸訪問，成為第一位訪問紅色中國的美國總統，並在二月二十八日於上海發表聯合公報，名為《上海公報》，宣示「中美關係正常化」[13]。在該公報中美國表示「美國認識到（acknowledge）台灣海峽兩邊的所有中國人都認為只有一個中國，台灣是中國的一部份」，美國對於兩岸的這個立場不會提出異議[14]。這個說法使得美國對於台灣地位未定論的說法告一段落[15]。該公報唯一的要求是希望「由

---

[13] 許介鱗，戰後台灣史記（台北：文英堂出版社，1996），頁 392。

[14] 張亞中，美國對台灣地位與前途的認定，發表於台灣政治學會主辦「台灣政治學會 1998 年年會暨學術研討會」（台北：1998.12.13），頁 11。

[15] 林正義，台灣地位三角習題（台北：桂冠出版社，1989），頁 221。

中國人和平解決台灣問題」，美國對解決的方法沒有意見[16]。在此之後，尼克森政府雖然限於水門案醜聞而延遲美國與中華民國政府的攤牌時程，但是，聯「中」制蘇的戰略架構仍持續地被推動著，一九七八年底美國終於與中共建交，一九七九年發佈《建交公報》，同年並訂定《台灣關係法》為台美關係定調，一九八二年中共與美國再發佈《八一七公報》。這段期間所簽訂的「三公報一法案」成為日後美國解決兩岸爭端與台美軍售架構的遵守原則，原則內容包括了：一個中國、和平解決、維持台海穩定、美國不介入調停等，這些內容使得兩岸間逐漸形成一種模糊的穩定關係，簡單化約為「維持現狀」的架構，凡是跨越者將被視為「麻煩製造者」（trouble maker）[17]。

　　支撐在台灣的中國國民黨政權合法性的外在支柱已經倒下，國民黨政府只好對內以「莊敬自強」的口號，尋求國家能力的轉化，希望維持其政權與國家機器在台灣的國家自主性地位。

三、邦交國銳減

　　兩岸在「一個中國」的默契與原則下，至今仍無「雙重承認」的例子，事實上一個巨大的「中華人民共和國」在七

---

[16]　張亞中，美國對台灣地位與前途的認定，發表於台灣政治學會主辦「台灣政治學會 1998 年年會暨學術研討會」（台北：1998.12.13），頁 11。

[17]　張亞中，美國對台灣地位與前途的認定，發表於台灣政治學會主辦「台灣政治學會 1998 年年會暨學術研討會」（台北：1998.12.13），頁 16。

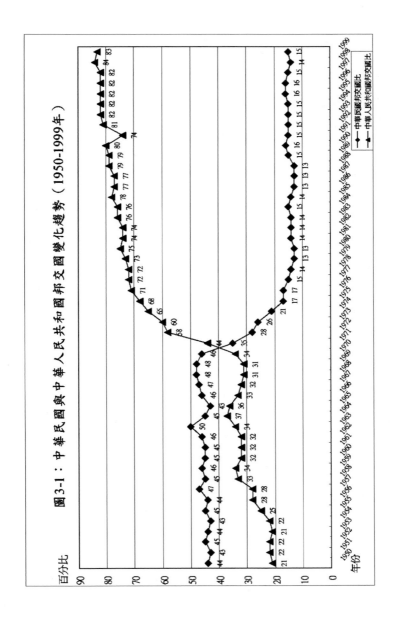

圖3-1：中華民國與中華人民共和國邦交國變化趨勢（1950-1999年）

第二節　國家機器的因應之道

在一個中國政策的框架下，中華民國退出聯合國之後的國際外交處境是節節敗退，實質的邦交國數量遠不足以支撐和對抗國際對中華民國中國代表權的質疑，雖然蔣介石的兒子將經國承接政權領導人的職位，並延續其父親一個中國政策所衍申出的「不接觸、不談判、不妥協」（三不政策）的立場以面對中共在國際上對中華民國國際空間的打壓，但是中共與國際勢力對台灣的孤立使得台灣「命運共同體」儼然成型[18]，國家自主性也在國際打壓中顯現出來，國家機器以務實的和平演變態度取代反攻大陸的政策立場，已經為僵化的意識型態對立尋求新的鋪路，企圖找出國家能力的新生源頭。繼任的領導人李登輝就是在此形勢下，以截然不同的態度面對兩岸與國際視聽。

一、務實外交

從外交的角度來看，由於長期與中共在國際場合中爭取「中國」的代表權，以致於當「中國」被「中華人民共和國」取代時，中華民國在國際上的生存空間就變得十分狹窄。在中華民國退出聯合國以及與美國斷交後，中華民國在國際外交上的空間就節節失利，等到李登輝繼任時，中華民國的邦

---

[18] 鄭欽仁，「戰後『台灣意識』形成的兩個條件」，收入於鄭欽仁著，生死存亡年代的台灣（台北：稻鄉出版社，1989），頁 121-125。

交國只剩下二十二個，中共則有一百三十六個。為了打開外交孤立的僵局，李登輝開始進行務實外交。一方面增加邦交國數量，強化無邦交國關係，力求突破參與國際組織的障礙，尤其在一九九三年起，每年都在聯合國推動我國入會案；另一方面則開始元首外交出訪的行程（見表 3-1 李登輝進行元首外交事紀）。

　　務實外交是台灣在面對外交困境時的彈性作法，其作法並不強調「名稱」，而強調實質的外交內涵，也就是台灣希望在保有國家自主性的情形下，以各種名稱與方式重訪國際社會，這些重返國際社會的方式包括有以經援或金援方式尋求外交支持，不要求邦交國與北京斷交的雙重承認措施爭取邦交國，以及以分裂分治概念推動外交[19]。但是，務實外交的作法在現實的國際社會上並沒有讓台灣獲得太多的外交利益，台灣雖然以其經貿利益增加了一些小的邦交國承認，但是台灣在這段期間與沙烏地阿拉伯（一九九〇年七月）、南韓（一九九二年八月）以及南非（一九九七年一月）等中型國家斷交，使得我國在國際上只剩下小國家的承認，再加上李登輝的出訪也因為不代表國家名義出訪，因此務實外交被批評為「金錢外交」。但是，務實外交的確讓李登輝得以以不同的身份訪問其他國家，實質將「中華民國在台灣」推銷到國際上，而來自台灣的中華民國總統更有宣示中華民國主權獨立自主的意味。

---

[19] 邵宗海，兩岸關係：兩岸共識與兩岸歧見（台北：五南圖書，1998），頁 421-428。

表 3-1：李登輝進行元首外交事紀

時　　間	地　　點	附　　註
1989/3/6-3/9	新加坡	李光耀稱李登輝為「台灣來的李總統」，李登輝表示「不滿意但可以接受」
1994/2/9-2/16	菲律賓、印尼、泰國	受邀以度假為名「巧遇」印尼總統蘇哈托，被稱為「破冰之旅」。在印尼被稱為「李博士」、「李教授」
1994/5/4-5/16	尼加拉瓜、哥斯大黎加、南非、史瓦濟蘭（過境美國、新加坡）	出席南非新任總統就職大典，並意圖在夏威夷過境，被稱為「跨洲之旅」
1995/4/1-4/4	阿拉伯聯合大公國、約旦王國	原欲訪問以色列，臨時做罷
1995/6/7-6/12	美國	赴美參加校友會，並以「民之所欲，常在我心」為題演講，並提到「中華民國」國號
1997/9/4-9-19	巴拿馬、宏都拉斯、薩爾瓦多、巴拉圭（來回過境夏威夷）	受巴拿馬運河國際會議邀請，被稱為「太平之旅」

總　　計	訪問十五個國家，其中有八個邦交國，七個無邦交國（其中六個與中共邦交）；參加兩次總統就職典禮，一次國際會議，一次校友會。

資料來源：作者自行整理

二、調整兩岸關係

　　「一個中國」的政策是兩岸在一九九〇年代奉行的原則，從台灣對「一個中國」政策的理解內容就可以瞭解台灣對兩岸關係的地位與調整。

　　國民黨政府機器在反攻大陸無望與中國代表權失利的情形下，務實地將政權合法性由中國代表轉向對台統治的合法性論述，然而又不脫離「一個中國」的架構。一九九一年五月台灣宣佈廢止動員戡亂時期臨時條款後，轉由「國家統一委員會」與《國家統一綱領》為兩岸關係定調，在《國統綱領》中所敘述的兩岸關係不再視中共為叛亂團體，而是務實地認為大陸與台灣均是中國的領土，而中國的統一必須要在理性、和平、對等、互惠的前提下分階段達成。在此架構下「國統會」在一九九二年通過《一個中國的意涵》外交政策白皮書，表示我國的外交政策是「一個中國、兩個實體、階段性平等」的理念，積極尋求我國的國際生存空間，以重返聯合國為長遠目標，中國統一為最終目標。

　　一九九三年十一月，亞太經濟合作會議（APEC）在美國西雅圖舉行，出席 APEC 的台北代表團成員之一的財政部

長江丙坤為了回應江澤民在會議中將台灣視為中華人民共和國的一個省之言論[20]，在記者會中宣告：台北與北京目前是互不隸屬的兩個主權國家，在統一條件未成熟前，政府將以務實的態度，採取所謂以一個中國為指向的「階段性兩個中國政策」[21]。雖然江丙坤在返回台北後，進行澄清說明台北的一個中國政策並未改變，但是，事後卻證實了此項說法是出自外交部政務次長房金炎之手，而江丙坤返國後的即時澄清只是說明了「階段性兩個中國政策」在當時的兩岸關係與國際環境中是充滿爭議的[22]。

　　一九九四年三月陸委會以《台海兩岸關係說明書》為名，發表政策性文件，企圖為中共的《台灣問題與中國的統一》白皮書做「對等」的回應。說明書中強調兩岸的相互關係是一個中國原則下分裂分治之兩區，是屬於「一國內部」或「中國內部」的性質。當時擔任陸委會主委的黃昆輝在「八十三年大陸工作會議」閉幕典禮上對《台海兩岸關係說明書》做了延伸性的解釋，他說：在《台海兩岸關係說明書》中，將現階段兩岸關係定位為「一個中國，兩個對等政治實體」，並宣示不再在國際與中共當局競爭「中國代表權」，並不是

---

[20]　這是中共在國際場合中首度對台灣地位提出如此的說法，過去傳統的說辭都是「台灣是中國不可分割的一部份」。

[21]　「江丙坤：兩岸是兩個主權國家」，聯合報，民國82年11月22日，頭版。中國時報，民國82年11月22日，頭版，「江丙坤：政府將採一個中國為指向的階段性兩個中國政策」。

[22]　「錢復：『兩個中國』不是我寫的」，聯合報，民國82年11月25日，二版。

意味著政府主張「階段性兩個中國」的立場，而是主張兩岸暫時擱置「主權爭議」，並揭示兩岸為「兩個對等政治實體」的綜合性概念是一項「創造性思考」的結果，更是一項非常務實前瞻的政策立場[23]。

　　一九九五年四月李登輝以「李六條」回應中共的「江八點」，條文中認為兩岸必須實事求是的尊重歷史，在兩岸分治的現實上探尋國家統一的可行方式，如此才能對於「一個中國」的意涵取得兩岸的共識[24]。

　　到了一九九七年，兩岸渡過了台海危機之後，台灣官方對「一個中國」的說辭均統一為「一個中國，兩岸各自表述」的原則，並將兩岸關係的現況定調為「一個分治的中國」[25]。

　　兩岸之間對「一個中國」的意義之歧見雖然南轅北轍，但是在公開場合對於兩岸關係的官方立場定位仍就是放在「一個中國」的脈絡下進行思考與定位，一直到了一九九九年七月，李登輝在接受「德國之聲」專訪時，提出「一九九一年修憲以來，已經將兩岸關係定位在國家與國家，至少是特殊的國與國的關係，而非一合法政府、一叛亂團體，或一中央政府、一地方政府的『一個中國』的關係。」[26]的「特

---

[23]　「黃昆輝：並非主張『階段性兩個中國』立場」，中國時報，1994 年 7 月 6 日，二版。

[24]　邵宗海，兩岸關係：兩岸共識與兩岸歧見（台北：五南圖書，1998），頁 386-390。

[25]　「連戰：一個分治中國是事實」，中國時報，1997 年 2 月 26 日，四版。

[26]　見「李總統接受『德國之聲』專訪全文：九一年修憲後兩岸定位為『國

殊國與國關係」出現後才對兩岸關係的「一個中國」政策定位有所突破。

然而，無論是在「一個中國」概念下所強調的中華民國主權獨立存在的立場，包括：「一個中國，兩個對等的政治實體」、「一個中國，兩岸各自表述」、「一個分治的中國」等政策性宣言；亦或是跳脫「一個中國」政策所冀欲捍衛國家主權的「階段性的兩個中國政策」、「特殊國與國關係」等言論內涵，都可以看見台灣的國家機器在國際壓力下尋求其政權正當性與合法性論述的努力過程，國家機器在此過程中學習與培養出來的國家能力以面對社會與國際輿論就相對地展現出其國家自主性地位，並且影響國家機器對領土內成員對其合法性來源的認知。

三、積極參與國際組織活動

台灣在喪失中國代表權的現實狀況下，參與國際組織受限於中共與國際的壓力，不能再參加任何以「國家」身份為入會資格的國際組織，因此，台灣被排斥在任何官方國際組織中。但是，台灣參與非官方國際組織與活動，只要不用「中華民國」國號，而且該組織以中共作為國家會員，就可以被允許以不同的名稱加入國際組織與活動。例如：台灣在一九八一年將奧運會會籍改為「Chinese Taipei Olympic Committee

---

與國關係』」，收入於劉國基編，兩國論全面觀察（台北：海峽學術出版社，1999），頁 318。

（中華台北奧林匹克委員會）」；一九八二年國際科學總會的會籍改為「the Academy Located in Taipei, China（中華台北科學學會）」；一九八四年亞銀會籍改為「Taipei, China（中國（台北））」；一九九〇年以「台、澎、金、馬單獨關稅領域」之名申請加入 GATT（關稅暨貿易總協定），並在二〇〇二年一月正式成為會員國；一九九一年以「Chinese Taipei（中華—台北）」加入 APEC（亞太經濟合作組織）等。雖然這些民間性的國際組織允許台灣加入，但是這些組織並不被允許使用「中華民國」的國號、國旗、國歌等官方性的代表象徵。總計中華民國在九〇年代積極加入國際組織的名稱並沒有慣用的稱呼，但是大部分還是傾向以「Chinese Taipei（中華—台北）」為其稱呼，以區別國際社會慣用「China（中國）」為中華人民共和國的簡稱。到了二〇〇〇年時，台灣加入的國際組織總計有一千零四個，其中官方有十六個，民間組織有九百八十八個[27]。中華民國雖然喪失中國代表權的資格與國際承認，使得國家面對國際社會的能力大幅降低，但是仍保有其相當程度的國家自主性以面對國際社會的壓力。

在台灣積極推動的重返國際社會政策中，以一九九三年正式將重返聯合國作為務實外交的重點最為令人矚目。台灣希望採取多方並進的策略，先設法擠進聯合國周邊組織和功能性國際組織中，再以「農村包圍城市」的迂迴手法來達到

---

[27]　見中華民國外交部網站，
　　　http://www.mofa.gov.tw/mofa91/web/statistics/etc/kc-90/p66.pdf 。

擠進聯合國的目標。從一九九三年到二〇〇三年期間，台灣已經十一次透過邦交國向聯合國大會提出希望審視中華民國在台灣所處之特殊國際處境，以確保其兩千三百萬人民參與聯合國之基本權利獲得完全尊重的相關議案以希望重返聯合國，但是歷次的提出均被聯合國大會的主席以裁決方式不將相關議案列入聯大議程中而失敗[28]。

　　儘管台灣參與或重返聯合國的提案在聯合國大會中屢遭否決，但是台灣仍將每年在邦交國的發言與提案下繼續試探聯合國的大門，而且每年聯合國大會中為台灣辯護的國家都有十五至二十個左右，其中甚至有台灣的非邦交國家，這是一個特殊的現象。除此之外，台灣目前還採取謀求加入聯合國下屬的專門機構，希望由此而自然而然地成為聯合國的觀察員，迂迴地加入聯合國中[29]。因此，從一九九七年開始，台灣將主攻方向轉向聯合國下屬機構的世界衛生組織（WHO），每年都透過邦交國在世界衛生組織年會中提案，要求讓台灣成為該組織成員或觀察員，但是至今每年都遭到拒絕[30]。

---

[28]　盧曉衡主編，中國對外關係中的台灣問題（北京：經濟管理出版社，2002），頁 312-313。

[29]　根據聯合國的章程規定，只要加入聯合國的某個下屬專門機構，就可以自然而然地成為聯合國的觀察員，這種作法對台灣來說的難度將相對小一點。

[30]　盧曉衡主編，中國對外關係中的台灣問題（北京：經濟管理出版社，2002），頁 316。

第三節　國家認同的變化

一、我族與他族的成形

　　台灣在一九七〇年代因為喪失中國代表權而退出聯合國之後，國家影響國際勢力的能力銳減許多，但是國家自主性並沒有因此而消失，相反地，台灣在邁向全球化過程中所展現的旺盛對外經貿關係，不但創造了國際欣羨與國內自豪的經濟奇蹟，同時更使得台灣在外交極度孤立下，創造出替代的「準外交關係」，使得台灣能夠繼續保持與國際的聯繫[31]，以維持其在國際舞台上的相對自主性。另一方面，台灣社會在全球化腳步上表現出高度跨國流動的人口，形成高度跨國流通的客體與主體（transnationally mobile objects and subjects）[32]。Gellner 認為在國族主義興起的過程中，封閉的社會並不會產生國族與國族主義（nation & nationalism）的議題，因為人們無須區分出「我群」與「他群」的分別，但是當封閉社會與外界接觸後就會有「人」「我」的區別，如

---

[31]　Donald W. Klein, "The Political Economy of Taiwan's International Commercial Link," in Denis Fred Simon and Michael Y.M. Kau, eds., *Taiwan: Beyond the Economic Miracle* (Armonk, NY: M.E. Sharpe., 1992).

[32]　汪宏倫引用 Lash & Urry, *Economies of Signs and Space* (London : Sage, 1994)的用法，詳見汪宏倫，「台灣為何要『自找麻煩』～全球化趨勢與台灣的國格需求」，收編於林佳龍、鄭永年主編，民族主義與兩岸關係（台北：新自然主義，2001），頁 275。

71

果再配合其他結構性條件的出現，國族主義（nationalism）就會由然滋生，而這個社會也理所當然地被稱為一個國族（nation）[33]。台灣在全球化下的跨國流動中，催化了台灣的國族選擇問題，再加上台灣與國際（包含中國大陸）的面對面接觸，配合國際上特殊的結構安排與差異，使得台灣人更加深了「我群」與「他群」的區別意識。另一方面，台灣的國家機構在面對全球化與國際壓力衝擊時，不僅沒有消失，反而藉此「人」「我」區別而意圖創造新的論述以取得更深厚的支持與國家能力展現[34]。

因此，台灣的國家角色在一九七〇年代後被國際社會有系統地排斥在外，可是台灣的社會卻與全球化趨勢所創造下的「地球村」緊密結合的情況，存在著極大的鴻溝，這個鴻溝也為台灣的國族問題開創了茲長與激化的空間。在國家自主性仍存在的情況下，雖然台灣的中國國民黨所創造的中華民國體制與中國代表地位面臨日益嚴重的外部危機挑戰，但是，國家機關仍會主動發揮其一定的影響力以爭取更多國家能力，此時，國家機構轉向台灣國族主義的型塑與訴求就是對此結構安排下的反應[35]。

---

[33] Ernest Gellner 著，李金梅、黃俊龍譯，國族與國族主義（*Nation and Nationalism*）（台北：聯經出版社，2001）。

[34] 中共認為台灣重返國際社會與聯合國的意圖是為了強化中華民國在台灣的論述，凸顯台灣的主權獨立與強化台獨勢力，詳見盧曉衡主編，中國對外關係中的台灣問題（北京：經濟管理出版社，2002），頁313-314。

[35] 汪宏倫將此說明為台灣的 state 對國際制度危機的反應，詳見汪宏倫，

　　汪宏倫以國際制度的轉變來說明台灣認同現象的轉變[36]。他認為中華民國制度的失敗，讓台灣的 nation-state 地位在國際社會遭到強烈的打擊，形成「不倫不類」（neither-nor）的曖昧國格地位。在一九七〇年代到九〇年代的國際結構轉化中，無論台灣的政府如何自我宣稱是「台灣政府」或「中國政府」都沒有用[37]，除非周遭的制度能清楚地提供支持，讓「他群」也能認可這樣的認同；換句話說，國際制度的關鍵在於它不但型塑了自我認同（self-identification），同時也提供了「他人的認可」（identification by others）[38]。在台灣，造成「中國人」認同幻滅的原因，除了與興起的台灣本土意識有關外，更重要的是中華民國制度在國際社會的失效，使得台灣政府的中國代表性及台灣人民的中國人認同大量地失去「他人的認可」，因此已經難以再支撐這樣的認同，國家自然轉向新認同的支撐，以維持其既有的自主性。

「制度脈絡、外部因素與台灣之『national question』」，台灣社會學，第一期（台北：2001 年 6 月），頁 228-233。

[36] 汪宏倫，「台灣為何要『自找麻煩』～全球化趨勢與台灣的國格需求」，收編於林佳龍、鄭永年主編，民族主義與兩岸關係（台北：新自然主義，2001），頁 280-287。

[37] 這會形成「一中一台」或是「兩個中國」的情況。

[38] Peter L. Berger & Thomas Luckmann, *The social construction of reality : a treatise in the sociology of knowledge* (New York : Anchor Bk.s, 1990), p.132.

二、國際關係與國家認同

　　克瑞斯納（Stephen D. Krasner）認為，一個國家最有力的資產不是人民、軍隊、稅基，而在於國際社會所賦予它的司法主權，也就是說，在於其他國家願意為它的存在而背書，並放棄在同一領土上主張主權的機會[39]。然而，台灣的中華民國制度在國際社會失效後，台灣就逐漸喪失這項有力的資產，形成一個獨立存在於國際社會的政府實體，但卻不見容於目前國際社會制度，不被國際社會接受的特殊例子。芮納（Ernest Renan）曾經提過，共同的受難（suffering）比起歡愉（joy）更容易團結人民的意識，為國族（nation）提供集體記憶的基石，而國族（nation）的存在，就是一種「每日的公民投票」（daily plebiscite），是經年累月，長期蓄積的心理能量[40]。台灣的情形剛好相反，台灣原本以「中國人」的認同被國際社會所認可的集體記憶基石，在一九七〇年代後備受挑戰。當「中國人」成為「中華人民共和國」的代表時，台灣的「中華民國」政府也在思考另外一套國際生存的辦法[41]。由於台灣既有的國際生存空間逐漸被侵蝕，台灣被排除在國際社會的「每日否決」（daily votes）新聞事件就

---

[39]　Stephen D. Krasner, "Sovereignty: An Institutional Perspective," *Comparative Political Studies*, No. 21, pp.66-94.

[40]　Ernest Renan, "What is a nation?" in Homi K. Bhabha, ed. *Nation and narration*(London ; New York : Routledge, 1990), p.53.

[41]　這些捍衛「中華民國」在台灣的主權辦法包括了九〇年代中期的各種對「一個中國」內容論述，九〇年代末期的「特殊國與國關係」，以及 2000 年的「兩國論」。

充斥在國家機構與民間社會間，這些新聞事件在在提醒台灣的政府機關與市民社會：目前的體制在國際間是「集體不存在」（collective non-existence），同時也在在提醒人們追求一個被認可的國格的必要性，並培養出政府機關對外尋求國際生存空間，對內尋求社會認可的能力，日久之後很容易因為「集體受難」而加深「命運共同體」的意識，而成為塑造新內容國家認同論述的推手。

梯利（Charles Tilly）以戰爭讓人們必須將資源和權力集中起來，並且強化對領袖的效忠，以採取一致的行動，有利於國家的形成為例，說明戰爭不只製造國家，也製造國族（nation），戰爭會使人們產生休戚與共、同仇敵愾以及集體的認同感[42]。以台灣的情況來說，長期面臨來自中共的戰爭威脅與外交打壓，無疑對台灣的國家形成和國族形成影響深遠。統計資料也顯示，每當兩岸處於緊張局面、台灣面臨外交打壓，威脅到台灣的國家自主性時，台灣人民就會感受到對岸的敵意，表現出較強烈的台灣人認同與較低落的中國人認同之現象，這也可以解釋為何台灣的國家能力展現逐漸由「中國代表權」爭奪戰逐步邁向爭取「台灣代表權」重回國際社會的原因。

回顧九〇年代的兩岸關係，首先是蔣經國在去世前開放民間層次的探親與交流，然後是李登輝宣佈結束動員戡亂時

---

[42] Charles Tilly & Leopold H. Haimson , *Strikes, Wars, and Revolutions in an International Perspective : Strike Waves in the Late Nineteenth and Early Twentieth Centuries* (New York : Cambridge University Press, 1989)

期，間接承認中華人民共和國和中華民國是兩個互不隸屬的政治實體，台灣的國家機構在此基礎上展開之後的兩岸互動與國際角力。從圖 3-2 的資料可以發現，在一九九二年南韓和中華民國斷交之前，自認為是台灣人的受訪者比例並不高，大約在兩成以下。在一九九三年間，兩岸的政治互動與外交競逐相當頻繁，首先是兩岸在新加坡舉行第一次辜汪會談，這讓台灣民眾的「中國人認同」達到將近全體受訪者的半數。然而，接踵而來的台灣朝野開始推動加入聯合國運動，中共發表帶有敵意的《對台政策白皮書》，以及在國際上發動對台灣的打壓和孤立政策，使得台灣民眾的「中國人認同」大幅降低，「台灣人認同」明顯提高，並首度微幅超越「中國人認同」。一九九四年春天發生的「千島湖事件」是另一個重要的轉捩點，在這個事件中有二十四位到大陸旅遊的台灣人民被搶劫和謀殺，而中共解放軍也被懷疑介入此一謀殺事件中，再加上中共當局為了湮滅證據，迅速將受害者的屍體焚燬，引起台灣人民普遍的憤怒。根據聯合報的民意調查，有百分之七十的受訪者認為此一事件已經嚴重傷害台灣人民對大陸的感情[43]。從圖 3-2 的資料可以清楚顯示，台灣民眾在此一事件後的「台灣人認同」正式超越「中國人認同」。

　　千島湖事件對台灣人民國家認同的轉變有相當大的影響。首先，台灣民眾經此事件後，充分體認到兩個地區對人權和法治有相當大的差異，其次，所有的台灣民眾皆被中共

---

[43]　見聯合報，1994 年 4 月 18 日，第三版。

當局和大陸人民視為「台胞」，而無所謂的本省人與外省人的差別，這種身份使得全體台灣人民被劃歸於一體，集體承擔共同的苦難[44]。

　　台灣人民在一九九五年到一九九六年間對屬於同一個「命運共同體」的感受更為深刻。李登輝在一九九五年六月成功突破封鎖訪問美國，發表公開演說後，中共開始對台灣展開一連串的文攻武嚇，甚至在台海展開導彈試射，企圖影響台灣第一次的總統大選。但是此舉動並沒有朝向中共預期的結果發展，李登輝不僅以 54％的選票當選第一任民選總統，而且台灣民眾在一九九六年之後，「台灣人」的國家認同大為提高，甚至在一九九七年七月的香港回歸中共政權的事件後，首度超越「既是中國人也是台灣人」的雙重認同之現象，在此之後的台灣民眾國家認同也出現三種認同觀相對穩定發展的趨勢。

　　一九九五至一九九六年的台海飛彈危機與第一次總統民選，無疑為台灣民眾塑造某種集體的受難記憶，台灣在外敵威脅下順利完成總統直選的經驗，不僅深深烙印入許多人的內心深處，最重要的是台灣政府在此國際外在強大壓力下順利達成國家所設定的目標，大幅提高了國家自主性與國家能力，從此奠定台灣政府在國際空間與國內社會的新型態正當性論述，並且繼續以經濟政策和民主制度影響台灣社會的國家認同趨勢。

---

[44]　林佳龍，「台灣民主化與國族形成」，收編於林佳龍、鄭永年主編，民族主義與兩岸關係（台北：新自然主義，2001），頁 242-243。

圖 3-2 中共壓力與國際事件和台灣民眾國家認同的變化圖

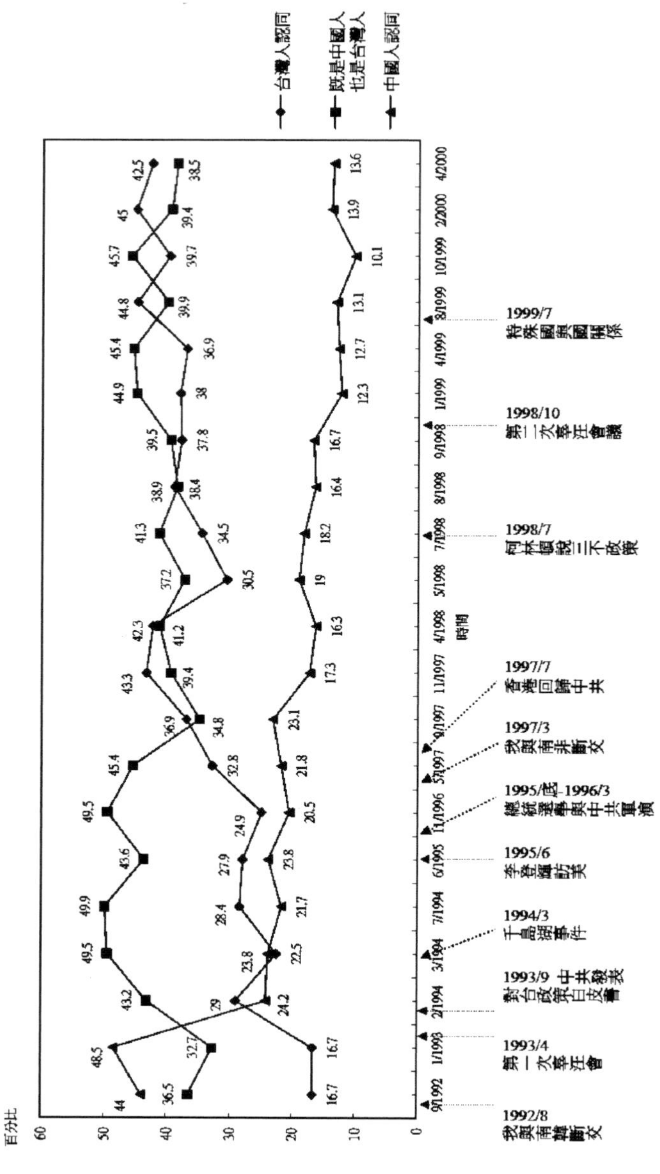

資料來源：作者自行整理

第四章　汲取能力下降對台灣國家認同的影響

「國家霸權的領導權是透過民族—民粹的計畫，針
對一系列界定為『國家利益』的政策和目標的發展
來行使，這些政策和目標實際上是為國家汲取資本
的長期利益服務，而同時確實質地有利於被宰制團
體的短期、狹隘的經濟和社會利益需求。霸權領導
需要考慮不同個人和社會團體的需要和利益，在次
要的議題上妥協以維繫支持和聯盟，以便持續動員
支撐民族—民粹的計畫。」

$\sim$ Jessop[1]

第一節　國家與資本的關係

在政治經濟制度上，雖然國民黨長期在台灣以由上而下
的威權主義領導經濟的統治方式，帶領台灣穩定地從一九五

---

[1]　Bob Jessop, *State Theory: Putting Capitalist States in Their Place*
(Cambridge, U.K. : Polity Press, 1990), p. 181.

○年代到一九七○年代末期，但是隨著資本主義的發展，地方政治勢力以及資本勢力的急速擴張，使得國家機器越來越無法有效統合經濟與社會部門，這些困境在蔣經國時代末期曾經企圖藉由改造舊政權來挽回國家的自主性，但是隨著蔣經國在一九八七年的逝世，其企圖遂成為流產的被動革命。

繼任的李登輝在掌政初期藉著結合大資本家與地方政治勢力形成新的權力聯盟，成功地將舊勢力推下歷史舞台。這段結盟的過程促成了資本家進入國家機器的決策機制以及台灣民主化的發展，兩者都深深影響後續台灣的國家能力養成與自主性發展，並且重塑國族的認同觀。以下兩章將分別從經濟投資與民主化制度來觀看其對台灣國家認同的影響。

一、國家機器的轉型

要討論八○年代台灣的國家機器轉型，就必須回顧到一九五○年代的國家機器建構（state building）過程，這些制度深深影響日後台灣的國家機器轉型。

一九五○年代到一九七○年代在台灣的國民黨國家機器有以下四個特色[2]，包括了：以黨領政的制度結構；中央政府結構所代理的主權為「全中國」，台灣被定義為地方政府；透過戒嚴體制建立威權政治的型態；中央政府的權力結

---

[2] 王振寰，誰統治台灣？轉型中的國家機器與權力結構（台北：巨流圖書，1996年），頁 58-59。

構掌握在一九四九年之後來台的外省人手裡。這四種國家機器特色，形成「壓制性權力」（despotic power）充分掌握住上層結構的權力，除此之外，國民黨政府仍透過其它的「下層結構權力」（infrastructural power）與社會各團體建立關係，使其權力能夠滲透到社會各角落以維繫其統治，如此的下層結構權力包括了建立侍從關係與國家統合主義（state corporatism）的政治機制。

　　侍從關係是建立在與國家機器資源有密切關係而享有特殊利益的團體與政治支持之間的交換，此與國家機器對資源的分配與控制有密切的關係。國民黨政府來台後，由於充分接收繼承日本統治時期的政府財產，使其對台灣的政治和經濟具有全面性的壟斷地位，得以利用這些資源來作為酬庸對國家機器忠誠的部屬，或賦予本地菁英這些壟斷利益來交換其政治上忠誠的工具[3]。侍從主義的關係也表現在國民黨政府與與地方政治勢力之間，因為國民黨來台初期並沒有社會基礎，只能透過地方選舉及賦予地方政治勢力經濟利益寡佔的方式來交換其對政治上的忠誠，如信用合作社、農漁會的信用部門，以及汽車客運業等[4]。

　　國家統合主義是國民黨維繫其與資本家和勞工關係的政治機制，就是指國家機器透過一種功能性的利益代理組織

---

[3]　陳明通，派系政治與台灣政治變遷（台北：月旦出版社，1995）。

[4]　詳見朱雲漢，「寡佔經濟與威權政治體制」，收錄于蕭新煌編，壟斷與剝削：威權主義的政治經濟分析（台北：台灣研究基金會，1989）；林佳龍，「威權侍從主義下的台灣反對運動」，台灣社會研究季刊，第二卷第一期（台北：1989）。

與社會中的主要團體連結起來，這種代理組織是非競爭性的、少數的和壟斷性的利益代理組織，國家賦予它們正式的利益代理權，而由此與之交換領袖的選擇權與政治的支持[5]。在台灣的現象是國民黨透過工業總會、商業總會，及工商協進會與資本家進行連結，對勞工則透過全國總工會來連結，另外透過國民黨的生產事業黨部監控掌管大型公營事業與大型私人企業。

國民黨政府以上述特色展現出強國家的機器形式有效控制著一九八〇年代以前的台灣社會，然而隨著國際時空轉變、資本主義的發展與社會結構的變化，如此的控制力量也面臨強烈的挑戰。

Castell 曾以東亞的政治經濟發展過程說明東亞發展主義國家機器的成功終將導致國家機器的自取滅亡，然而其所孕育出來的社會卻成功地成為工業化的現代社會[6]。Evans 用「鑲嵌的自主性」（embedded autonomy）說明東亞的國家機器自主性是建立在國家機器與資本家之間的緊密網絡關係之上，然而當資本主義成功發展與經濟起飛後，國家機器將不再享有從前的高度自主性地位，其原有的自主性和領導地位將嚴重受到資本家的挑戰，而必須與資本家妥協或將資

---

[5]　Philippe Schmitter, "Still the Century of Corporatism?" *Review of Politics*, Vol.36 (1974), pp. 93-94.

[6]　Manuel Castells "Four Asian Tigers with a Dragon Head: A Comparative Analysis of the State, Economy, and Society in the Asian Pacific Rim." in R. Appelbaum and J. Henderson, (eds.) *States and Development in the Asian Pacific Rim* (Newbury Park, Calif: Sage, 1992), p. 66.

本家納入決策體系中[7]，也就是說台灣的資本主義發展起來後，國家機器的自主性將受到資本勢力和市場機制的取代與挑戰。

國民黨國家機器在面對越來越強大的資本勢力所採取的反應措施包括了蔣經國時期成立常態性的產業諮詢委員會與臨時性的經濟改革委員會正式將資本家的意見納入國家機器決策管道中，以及李登輝在後繼的一連串經濟改革與政權轉型。

李登輝是在蔣經國猝死的狀態下臨時接任總統，在接任初期並不具有等齊的政治實力掌控國家機器，因此利用總統及黨主席的制度職位積極尋求結盟的對象。由於國民黨內不具有李登輝發揮的空間，外在的政治經濟勢力遂成為他結盟的對象，八〇年代甫崛起的資本家、地方派系勢力等，都成為李登輝權力結盟的對象，在這過程中，經濟的危機使得他得以撤換當時長期掌握台灣金融的行政院長俞國華，而崛起的反對運動和社會運動，以及資本家對政治局勢的不滿，使得他有充分理由去除國會中的舊勢力和無力處理這些現象的李煥[8]。由於新崛起的資本家和地方派系勢力成為被結盟的對象，一同參與國家機器的運作，使得李登輝為首的國民

---

[7]　Peter Evans, "The State as Problem and Solution: Predation, Embeddedness, Autonomy, and Structural Change." In Stephan Haggard and Robert R. Kaufman, (eds.) *The Politics of Economic Adjustment* (NJ: Princeton University Press, 1992).

[8]　王振寰，誰統治台灣？轉型中的國家機器與權力結構（台北：巨流圖書，1996年），頁 84-85。

黨改革派在一九九三年獲得成功，保守勢力正式退出政治核心，成為一相對弱勢的聯盟團體，雖然國家機器在透過對人民的直接召喚，越過政治制度而出現「民粹威權主義」的新國家建構方向[9]，但是崛起的資本家與地方派系勢力改變了台灣國家能力的內涵，影響國家的自主性，衝擊出國家認同的議題[10]。

二、資本家權力的上昇

1、國民黨的黨國資本主義

現有研究東亞與台灣經濟發展的文獻中顯示出資本家勢力是在國家機器領導下逐漸興起，興起之後的經濟發展與資本家勢力將隨著市場的力量影響國家機器[11]。因此，要瞭解資本家在台灣的興起必須探討台灣特殊的黨國資本主義體制。

五〇年代初期，國民政府全盤接收日本政府留下來的政治、經濟遺產，這些龐大的遺產提供了國民政府接受後在統治上的物質基礎，而原來初具雛形的台灣產業官僚體系也由

---

[9] 王振寰，「邁向常態化政治」，收錄於林佳龍、邱澤奇主編，兩岸黨國體制與民主發展（台北：月旦出版社，1999），頁 167。

[10] 王振寰，誰統治台灣？轉型中的國家機器與權力結構（台北：巨流圖書，1996 年），頁 85。

[11] Robert Wade, *Governing the Market: Economic Theory and the Role of Government in the East Asia.* (Princeton, NJ: Princeton University Press, 1990).

日本人改為國民政府或國民黨人員控管，這些留下來的軟硬
體建設幫助了國民政府統治台灣，並建構了以國民黨為主的
黨國資本主義體制。[12]。

　　國民黨除了在經濟上繼承日本政府龐大的遺產外，更重
要的是一些特殊歷史因素的配合。由於國民黨政府是從中國
大陸內戰失敗後逃到台灣，這使得國民政府在台灣並沒有社
會勢力的牽絆而順利展開土地改革，除此之外，韓戰的爆發
促使美國派出第七艦隊與美援，協防支助在台的國民黨政
權，並要求國民黨政府留在台灣的防線內，因此，國民政府
在軍事、經濟、政治上受到了相當程度的支助，使得其政權
在沒有當地勢力的支持下，仍然能夠穩固，並擁有相對於當
地社會、經濟勢力的「相對自主性」，推動發展各項經濟政
策厚植黨國事業[13]，安置退休的高級官員、將領，以及退役
榮民，並藉此扶植跟隨它來台的外省資本與對其忠誠的台籍
資本。

　　到了一九七〇年代以後，國民黨資本更進入高度寡佔的
策略性工業，如石化工業中游、資訊、金融投資等事業，而
這些投資，國民黨政府通常融合公營資本、黨營資本，以及
與其關係密切的私人資本共同合作，在這種搭配下，這些事
業既可免於公營事業的監督，又可享受各種優惠，同時有力

---

[12]　陳師孟等著，解構黨國資本主義：論台灣官營事業之民營化（台北：
　　　自立晚報社總經銷，1992），頁 23-24。
[13]　瞿宛文，「國家與台灣資本主義的發展—評論『解構黨國資本主義』」，
　　　台灣社會研究季刊，第二十期（台北：1995），頁 161。

地結合本土資產階級[14]。這樣透過國家機器強烈介入的發展模式，獲得相當大程度的成功，但是這樣以國家機器佔領上游產業，再以下游簡單加工生產低技術低成本的產品進行出口貿易的方式，從一九八〇年代以來，對外已經無法面對來自東南亞和中國大陸產品在國際上的競爭，對內則不斷面對新興資本家對國家機器壟斷產業上游之不滿與頻繁社會運動的挑戰。

2、資本家的不滿

　　國民黨政府除了發展公營事業外，也以政府力量扶植私人資本的興起，使得私人資本的比例愈來愈大，到了一九六〇年代，台灣私人資本在製造業的產值佔總產業的 56.2％，正式超越公營企業，而此時期的公營企業則成為 43.8％，此後，公營企業的產值比例節節下降，到了一九八〇年代則只有 19％左右[15]。雖然公營企業所佔的 19％產值產品在價格上大部分具有壟斷性的地位，但是，此時期的私人資本已經具有挑戰國家機器的籌碼。

　　隨著一九七〇年代反對運動的興起，八〇年代的解嚴更讓社會政治運動大幅動員挑戰國家機器的地位，此外國民黨內部的派系鬥爭及轉型過程，使得它作為經濟秩序的守衛者角色受到挑戰。到了八〇年代末期，多數企業家普遍對台灣

---

[14] 王振寰，資本，勞工，與國家機器（台北：唐山出版社，1993），頁74。

[15] 中華徵信所，中華民國大型企業排行（台北：中華徵信所編著，1991）。

的投資環境表現不滿的情緒[16]，在此同時，台灣勞力密集產業開始大量外移，或停止對外投資，景氣在一九八八年下半年開始出現停滯現象，國內的投資率亦出現大幅衰退現象。一九八九年一月四日台灣的八大資本家在「經濟日報」中以「開創產業界新機運」為題，發表他們對台灣投資環境中的環保運動、勞工運動，以及公權力低落的不滿情緒之立場[17]。同年二月，台灣民營企業的龍頭—台塑公司總經理宣佈暫停所有的台灣投資案並且凍結人事，隔年，台塑董事長王永慶宣布投資大陸福建的海滄計畫，並且不再興建台灣的六輕工程[18]。台塑的停止投資與外移的動作，在台灣引起很大的震撼，然而，它的作法卻得到許多企業家的同情[19]，並且觸動了國民黨改革派正式面對黨內與黨外的政經危機。

3、新政商關係

九〇年代初期，國民黨李登輝勢力為了安撫黨內反李勢

---

[16] 天下雜誌報告中顯示：資本家普遍認為台灣投資環境惡化（90.8％），國民黨的國家機器應負最大責任（49.5％），然而投資環境惡化的原因卻是社會治安惡化的非經濟因素，而不是經濟政策，見天下雜誌，1990 年 3 月。

[17] 這八大資本家包括了王永慶、許勝發、高清愿、鮑朝標、何壽川、王茲華、陳由豪、施振榮等，在「經濟日報」主辦的座談會上，提出了台灣大資本家對台灣政治社會局勢的看法，詳見經濟日報（台北：1989 年 1 月 4 日），第二、三版。

[18] 王振寰，資本，勞工，與國家機器（台北：唐山出版社，1993），頁85。

[19] 見天下雜誌，1990 年 3 月，頁 72-78。

力以及資本家的不滿，選擇了以軍事強人為行政院長，企圖壓制層出不窮的社會政治運動，挽回企業界對台灣投資環境的信心。在此同時，科技官僚受到空前重視，並且與資本家之間形成積極的聯盟關係。

在「軍事強人-科技官僚-資產階級」的新政商聯盟關係中，國民黨仍居於主動和主導的地位，它的角色除了積極扮演資產階級中的國家機器角色外，更具有強烈的政治社會意涵，意即它一方面依靠資本的投資使得人民能夠就業，維持其統治的正當性外，另方面依賴資產階級以使得它在逐漸開放的政治競爭上能繼續取得優勢地位。因此，此時的資產階級與國民黨的關係已不再是下對上的完全服從關係，而是利益伙伴關係。國民黨雖然仍掌有主要的經濟資源，使得資產階級仍只是在此利益伙伴關係中僅佔有配角地位，但是，國家機器中的相對自主性已逐漸減弱，並且愈來愈受到社會的影響[20]。

由於私人資本的不斷擴張，使得國家機器壟斷產業上游的政策不斷受到挑戰，這樣的挑戰在國際化趨勢逐漸提高與資本家進入決策體系影響政治勢力的情形下，增加了資本家在政商伙伴關係中的籌碼。因此，國營企業的私有化以及產業上游的開放民營，遂成為九○年代國家的既定政策，在此政策引導下，私人資本逐漸往上游發展，並出現集中化現象。也就是說，私人資本在資本集中與國家力量的的扶持下，進入了以前不被允許經營的領域，發展技術與資本密集

---

[20]　王振寰，資本，勞工，與國家機器，頁89。

的產業，以維持台灣經濟的發展和鞏固國家機器的合法性。

　　除此之外，由於反對運動已經合法化成為反對黨，可以在選舉中正式與國民黨競爭，因此地方派系的經濟實力與社會網絡遂成為國民黨贏得選舉的合作目標，在合作的過程中，地方性的資本家進入了國家機器的運作體制內，相繼成為新政商關係中崛起的資產階級[21]。

第二節　一九九〇年代的經濟發展政策

　　九〇年代的台灣進入新型態的國家發展戰略，國家機器對內受到政治自由化，以及新興資本勢力質量成長，競相成為權力聯盟成員的挑戰，對外則面對勞力密集的加工出口產業外移到大陸和東南亞的產業空洞化挑戰，因此需要新的發展策略，提升經濟競爭力，以吸引國際國內資本，積累經濟資源，而亞太營運中心、台灣科技島、開放台灣經濟市場遂成為貫穿九〇年代台灣經濟發展的政策。

一、亞太營運中心的籌設和建立

　　隨著資本主義的發展帶來國際經濟情勢急遽變化，到了九〇年代初期，亞太地區總體及各國的經濟成長成為世界矚

---

[21]　王振寰，資本，勞工，與國家機器，頁 90。

目的焦點[22]，一九九二年東亞地區的總體生產毛額已經佔世界總生產毛額的 20.7％，相較於一九六○年的 7.0％是成長了將近兩倍，同時的貿易額佔世界總貿易額 22.6％，預估到二○一○年時將擴增到 33％，東亞地區將成為全球經濟的新重心。其次，東亞地區經濟快速整合，以貿易額來看，一九八○年東亞區域內貿易額佔總貿易額 38.4％，一九八七年則增為 42.9％，到了一九九二年再大幅上升到 49.2％，顯示出東亞地區的經濟整合在九○年代正加速進行中[23]。而台灣在此區域經濟體中對東南亞及中國大陸的投資與貿易佔有相當的地位，再加上國內的土地成本、勞工成本、環保意識上揚逼迫台灣的跨國資本「西進」與「南進」，政經結構面臨大幅轉變的情況下，國家機器被迫在全球經濟的競爭中大幅改變過去的經濟發展模型。此種新的社會經濟模型其實是一種新的社會與政治安排，同時恰逢台灣的國家政治權力結構重組的時刻，國家機器因此企圖重新掌握住對社會的領導權，建立其霸權（hegemony）的正當性與國家的自主性[24]，

---

[22] 世界銀行在九○年代的預測認為，東亞開發中國家在九○年代的 GNP 成長率將以平均 7.6％成長獨步全球，其中，中國大陸成長率將高達 8.5％，呈為亞太成長引擎的動力來源，而此時期的全球經濟成長率約有 3.2％。詳見夏鑄九，「全球經濟中的台灣城市與社會」，台灣社會研究季刊，第二十期（台北：1995 年 8 月），頁 63。

[23] 行政院經濟建設委員會，發展台灣成為亞太營運中心計畫（台北：1995 年 1 月），頁 2-3。

[24] 夏鑄九，「全球經濟中的台灣城市與社會」，台灣社會研究季刊，第二十期（台北：1995 年 8 月），頁 64。

使得國家政策對經濟與社會產生主導性的作用，「亞太營運中心」遂成為台灣的國家機器在全球經濟競爭與國內資本勢力挑戰下的回應[25]。

亞太營運中心是國家機器希望藉由其仲介的角色，策略聯盟跨國公司與台灣廠商，利用台灣經濟與台灣資源，進入其他亞太地區經濟體，以達成台灣的國際化與產業升級的目標[26]。它被視為台灣由土地改革、加工出口區、科學園區以來，突破經濟發展的里程碑，具有國家機器再度企圖大幅改造台灣經濟體質的「跨世紀大行動」[27]。

國家機器希望把握一九九七年香港回歸中國大陸之前，初步調整台灣總體經濟，吸引外商轉進到台灣投資。同時，計畫在邁向二十一世紀前，根據台灣經濟條件，發展台灣具潛力的專業營運中心，包括了製造、海運、空運、金融、電信、媒體等六大專業營運中心，期望在此營運中心的架構下結合跨國企業與本土企業之力量，建立東亞區域性的經營網絡，使得台灣成為本土企業開發經營東亞市場的根據地，以及其他開發國家企業進軍東亞市場的門戶，同時，台灣亦可成為東亞開發中經濟拓展對外經貿關係的窗口，強化台灣

---

[25] 一九九四年六月，經建會依據麥肯錫公司的報告，理律法律事務所的建議，以及參考民進黨的國土規劃構想，進一步交換各部會意見後，六個營運中心的構想就逐漸形成了。

[26] 行政院經濟建設委員會，發展台灣成為亞太營運中心計畫（台北：1995年1月），頁6。

[27] 夏鑄九，「全球經濟中的台灣城市與社會」，台灣社會研究季刊，第二十期（台北：1995年8月），頁68。

在東亞地區經濟中介的功能。

　　亞太營運中心計畫內容中的「境外營運中心」是最具創意的構想，它的曖昧性巧妙地突破了全球經濟中的兩岸關係困境，以及重新建構在全球化洗禮下的台灣經濟產業。因此，在此國家性的大計劃下，其肩負了政治的目的、經濟轉型的技術方案，以及國土空間的調整等使命[28]。也就是說，國家首先希望藉由亞太營運中心構想的提出，解決兩岸三通與全球化壓力的政治目標，強化政治上的領導權，在此基礎上，國家希望進一步進行高科技與高附加價值經濟的轉型發展，強化台灣在全球經濟中的競爭力，可是，這已經是政策中的第二層作用了；第三，在此計畫中，台灣西部將成為台北、台中、高雄等三大「生產環境圈」，在此其中將藉由公路、空運以及環島海運使各個營運中心充分運作，並接駁到以觀光資源為基礎的東部地區，這將使得台灣的城市與社會空間結構大幅變化，接軌成全球經濟的中繼站，大大提升國家機器在全球化趨勢下的汲取功能[29]。

二、規劃台灣科技島

　　「科技島」是宏碁集團董事長施振榮先生於一九八九年在總統府演講「亞太高科技中心」時所提出，他建議政府能

---

[28] 夏鑄九，「全球經濟中的台灣城市與社會」，頁 69。

[29] 夏鑄九，「全球經濟中的台灣城市與社會」，台灣社會研究季刊，第二十期（台北：1995 年 8 月），頁 69-73。

將台灣建設成為「科技島」的目標[30]，從此，「科技島」這個名詞乃成為探討台灣未來發展上常見的語彙。此後，行政院經濟建設委員會於一九九五年提出「亞太營運中心計畫」，其中在發展台灣成為製造中心方面，希望推動完成加速製造業升級的大環境，規劃設置二十至三十座智慧型工業區，建設台灣成為「科技島」[31]。行政院國家科學委員會於一九九七年也在其第一部「科技白皮書」中，跨世紀科技發展宏圖亦將「科技島」列為二〇一〇年完成的目標[32]。整個九〇年代，「科技島」已由民間提倡的概念，成為政府規劃努力的標竿。

施振榮先生當初提出「科技島」是希望台灣應積極從事高科技與基礎科學研究發展以及進行科技技術輸出等雙重國家目標。他指出從事研究發展不應只做技術之引進、生根，更重要的是未來能做到技術的輸出，因為唯有技術的輸出，才能創造比較優異的國家形象；其次，他期許台灣要做世界公民的表率，進行技術輸出，改善其他先進國家將技術把持在自己手上與別人進行不公平競爭的現象[33]。

---

[30] 施振榮，「二十一世紀新台灣-人文科技國」，新世紀智庫論壇（台北：財團法人陳隆志新世紀文教基金會），第 1 期，1998 年 2 月，頁 101。

[31] 行政院經濟建設委員會，發展台灣成為亞太營運中心計畫（台北：1995 年 1 月），頁 21

[32] 行政院國家科學委員會，中華民國科技白皮書—科技化國家宏圖（台北：1997 年）。

[33] 施振榮，「二十一世紀新台灣-人文科技國」，新世紀智庫論壇（台北：財團法人陳隆志新世紀文教基金會），第 1 期，1998 年 2 月，頁 101-105。

　　行政院經濟建設委員會「亞太營運中心計畫」中之「科技島」是規劃繼台南科技工業園區之後，以新竹科學工業園區為發展範本，在全島設置二十至三十個「智慧型工業園區」，在這些新型工業園區建立現代化的電信網路，並連接傳統工業園區，俾便發揮相互支援功能，使台灣整體發展成為「科技島」。

　　在亞太營運中心的藍圖下，國科會「科技白皮書」中對於「科技島」之描述係指以全國廣設之科學園區為核心，每個核心科學園區容納二百家高科技公司，營業額每年達約新台幣四千億元；然後在「核心科學園區」附近，由政府或鼓勵民間建設智慧型園區及其他「衛星科學園區」以吸引相關配合產業，加速形成「高科技產業群」。建設了「核心科學園區」和「衛星科學園區」之後，並以之為基礎，結合城鄉發展及社區文化，規劃建設現代化之「科學文化城」，使科技事業與社區發展能齊頭並進。有了「科學文化城」之後，再配合各項重要的基礎建設，如國家資訊通信基本建設及各大交通建設，即可將我國各研發單位、產業、服務業、科學園區及科學文化城等相連成網而成為科技島的架構，人民、公司、政府彼此之間均可透過網路從事各種生活、商業、教育、文化及社會活動[34]。

　　在這樣的計畫下，台灣將轉型為生產高科技產品的製造中心，而且，資訊高速公路（NII）的計畫在「科技島」的

---

[34]　行政院國家科學委員會，中華民國科技白皮書—科技化國家宏圖（台北：1997 年）。

概念下出爐，將使得台灣的資訊流通快速，一方面創造台灣
邁向亞太營運中心的更多吸引力，另方面使得資訊產業和資
訊知識都能成為台灣整體產業發展的一部份[35]。同時，國家
機器也將在整體資訊化的計畫中，與社會鑲嵌建立更緊密的
互動關係。

　　「科技島」的概念在二〇〇〇年民進黨執政後被充分運
用，行政院保留科技島計畫內容的知識經濟產業發展，另加
入永續發展的環境保護概念與公義生活的社會福利政策，期
許台灣的新世紀國家藍圖為成為「綠色矽島」[36]。而強調厚
植產業實力的「綠色矽島」新世紀國家藍圖也正式取代國民
黨時期著重區域定位的「亞太營運中心」計畫。國家在此計
畫中的定位點為加強營造新興產業與傳統產業發展的資金
環境、技術環境、人文環境及生態環境，希望藉著良好的環
境，發展各種產業，吸引台商及外商在台設立全球運籌中
心，以厚植資本積累的實力。

三、放鬆各種經濟管制

　　新自由主義經濟政策是指一九七〇年代之後，西方福利
國家面對經濟發展困境和危機，舊有的福特主義生產模式瓦
解，生產力跟不上通貨膨脹和薪資的成長，企業出走，稅收

---

[35]　王振寰，誰統治台灣？轉型中的國家機器與權力結構（台北：巨流圖
　　　書，1996 年），頁 88。
[36]　行政院經濟建設委員會綜合計畫處，「知識化、公義化、永續化─綠
　　　色矽島的建設藍圖」研究報告，2000 年 10 月。

成長無法支撐福利國家大量成長的財政支出，國家機器遂而採取的新式供給面經濟政策。這些政策是站在國家發展的角度出發，期望在許多施行資本主義制度之民主先進國家，形成一種足堪發展中國家學習的「治理典範」，這些好的治理典範的特色具有著重效率、良好財政、市場導向、減少干預、私有化、民主、分權化、責任、透明、公平、正義、法治、公民與社會經濟權利等面向[37]。新自由主義經濟政策最具代表性的就是美國雷根和英國柴契爾夫人時期的經濟政策。

一九八〇年代之後，從英美發跡，以「自由化」為綱的新自由主義反革命影響力橫掃世界。在「自我調節市場將可使得資源達成最有效配置」的新古典主義思惟指導下，國營企業民營化，對市場秩序放鬆管制成為經濟政策的核心，「大而無當」的政府必須自我消解，以便將權力分散在市場中，形成各種進行交易的行為主體。於是，市場取代了國家，消費者取代了公民，企業家精神取代了上帝，「沒有政府的治理」（governance without government），成為一九九〇年代風靡世界最流行的話語。

「期望國家退位，企業本身成為市場主體」的新自由主義經濟政策引進到台灣的最大影響結果莫過於一九九六年召開的國家發展會議，會議形成建立「小而能」的新政府之共識，計畫檢討並簡化政府層級[38]，大量釋出國有土地與國

---

[37] Ali Kazancigil, *The State in Global Perspective* (Brookfield, Vt., USA : Gower, 1986).

[38] 也就是後來形成「精省」、「廢省」爭議的來源。

營事業，並大幅放鬆經濟管制限制，不斷進行修改法令配合
國際化的措施，希望藉此大幅提昇國家的競爭力。在這樣的
策略下，資本家的投資成為國家機器發展策略是否成功的重
要因素，因此，在新自由主義的國家裡，資本家與國家機器
的關係呈現愈來愈緊密的現象[39]。

第三節　投資量與國家認同的關係

　　王紹光、胡鞍鋼以財政汲取能力做為國家能力的首要指
標，這個首要指標將影響國家正當性的基礎；而傑賽普（Bob
Jessop）將新自由主義風潮下的國家賦予新的意涵與理論，
其中，投資過程中的「資本積累」亦被視為新國家機器的改
進面向之一，資本積累的成功與否將影響國家機器建立國族
主義霸權的重要因素。而經濟的投資量在資本積累過程中扮
演重要的角色，因此，本節希望以固定投資量與僑外投資量
作為國家汲取能力的代表指標，就此探討與分析其與台灣國
家認同的關係。

一、固定投資量的趨勢

　　台灣在度過八〇年代末期與九〇年代初期的政治不穩

---

[39]　王振寰，誰統治台灣？轉型中的國家機器與權力結構（台北：巨流圖
書，1996 年），頁 88。

定期後，國家機器逐漸與資本家靠攏，進行更緊密的合作以對抗層出不窮的社會運動、反對運動，形成新威權主義的型態[40]。也由於國家機器是以保障資本家的利益為其重要要務，因此，九〇年代的固定資本投資呈現穩定的增長趨勢，其中的民間投資額更是穩健地呈現每年正成長的趨勢（見表4-1與表4-2），顯示出國家機器受到國內資本家的肯定，資本家也以實際的投資行動證明支持國家的立場。同樣樂觀的數據也展現在九〇年代的經濟成長率數據（見表4-3）與進出口貿易總值（見表4-4）上。

回過頭來看八〇年代末期企業界對王永慶的停止投資台灣，希望轉向投資大陸的出走風波，普遍認為當時的台灣投資環境明顯惡化，有近半數的企業更將投資環境惡化的責任矛頭指向當時的執政黨—國民黨，並且有近七成的人（69.2％）認為王永慶親赴大陸的考察動機是情有可原，同時已有不少人肯定王永慶的舉動，並且打算立即跟進到大陸去投資的趨勢[41]，此現象充分顯示出奠立在「經濟快速發展」的發展型國家機器的合法性已經出現嚴重危機[42]。再比較九〇年代以後的各項經濟數據，包括民間投資、經濟成長率、進出口貿易總額等都出現穩定成長趨勢，顯示出國家機器的轉型成功，資本家在此時已經揮別掉過去不愉快的合作經

---

[40] 王振寰，資本，勞工，與國家機器，頁86-89。

[41] 見天下雜誌，1990年3月，頁73。

[42] 王振寰將此1980年代晚期的國民黨政府正面對國內資本退縮投資與民間社會運動湧現等兩大正當性危機，詳見王振寰，資本，勞工，與國家機器，頁51。

驗，與國家機器正進行緊密的合作，進行國家內部新一階段
的資本積累工程。

表 4-1：固定投資額（1994-2001）

固定投資（按當期價格計算）　　　　　　單位：億元			
年　季	固定資本形　　成（名目值）	政　　府投　　資	公營事業投　　資	民　　間投　　資
1994	15 888	4 733	2 214	8 940
1995	17 506	4 970	2 284	10 252
1996	17 274	4 886	2 113	10 274
1997	18 954	4 950	1 982	12 022
1998	21 039	5 034	2 151	13 855
1999	21 247	5 207	2 412	13 629
2000	22 673	4 917	2 276	15 481
2001	17 818	4 606	2 291	10 921

資料來源：行政院經濟部統計局

表 4-2：固定投資成長率（1994-2001）

| 年　季 | 名　目　成　長　率(%) | | | |
	固定資本 形　成	政　府 投　資	公營事業 投　資	民　間 投　資
1994	6.66	10.89	-11.00	9.84
1995	10.19	5.01	3.17	14.67
1996	-1.33	-1.69	-7.49	0.22
1997	9.73	1.31	-6.24	17.01
1998	11.00	1.69	8.55	15.24
1999	0.99	3.45	12.12	-1.63
2000	6.71	-5.57	-5.64	13.59
2001	-21.42	-6.33	0.66	-29.45

資料來源：行政院經濟部統計局

表 4-3：台灣的經濟成長率（1990-2000 年，年率：%）

年別		台灣	韓國	新加坡	香港
79 年	1990	5.39	9.0	9.0	3.7
80 年	1991	7.55	9.2	6.8	5.6
81 年	1992	7.49	5.4	6.7	6.6
82 年	1993	7.01	5.5	12.3	6.3
83 年	1994	7.11	8.3	11.4	5.5
84 年	1995	6.42	8.9	8.0	3.9
85 年	1996	6.10	6.8	8.1	4.3
86 年	1997	6.68	5.0	8.6	5.1
87 年	1998	4.57	-6.7	-0.9	-5.0
88 年	1999	5.42	10.9	6.9	3.4
89 年	2000	5.86	9.3	9.7	10.2

資料來源：行政院主計處

表 4-4：中華民國進出口貿易值表（1989 年—2000 年，幣別：美元）

年(月)別	貿易總額		出口		進口		出(入)超值	
	金額	增減比%（同期）	金額	增減比%（同期）	金額	增減比%（同期）	金額	增減比%（同期）
1989	118,567,787,222	---	66,303,563,222	---	52,264,224,000	---	14,039,339,222	---
1990	121,929,180,127	2.835	67,213,979,818	1.373	54,715,200,309	4.690	12,498,779,509	-10.973
1991	139,037,626,044	14.031	76,177,880,622	13.336	62,859,745,422	14.885	13,318,135,200	6.555
1992	153,471,129,436	10.381	81,468,026,293	6.944	72,003,103,143	14.546	9,464,923,150	-28.932
1993	162,150,753,782	5.656	85,091,718,753	4.448	77,059,035,029	7.022	8,032,683,724	-15.132
1994	178,383,464,497	10.011	93,036,732,378	9.337	85,346,732,119	10.755	7,690,000,259	-4.266
1995	215,203,771,718	20.641	111,656,320,858	20.013	103,547,450,860	21.326	8,108,869,998	5.447
1996	218,307,063,978	1.442	115,939,232,320	3.836	102,367,831,658	-1.139	13,571,400,662	67.365
1997	236,499,793,289	8.334	122,077,877,269	5.295	114,421,916,020	11.775	7,655,961,249	-43.588
1998	215,241,158,169	-8.989	110,579,612,736	-9.419	104,661,545,433	-8.530	5,918,067,303	-22.700
1999	232,272,734,338	7.913	121,587,866,121	9.955	110,684,868,217	5.755	10,902,997,904	84.232
2000	288,321,181,753	24.130	148,316,282,245	21.983	140,004,899,508	26.490	8,311,382,737	-23.770

資料來源：中華民國關稅總局

二、僑外投資量的趨勢

　　相較於國內資本家在九〇年代對台灣投資的穩定成長
趨勢，華僑及外資對台灣的投資則呈現不穩定的成長趨勢
（見表 4-5）。僑外投資的明顯成長座落在一九九四、一九
九五年之後，此時正值台灣的國家機器提出「亞太營運中心」
的跨世紀計畫，希望大幅吸引外商來台投資之際，對照於此
時期之後的僑外投資量明顯增加的趨勢，可說明「亞太營運
中心」的計畫對僑外投資具有吸引的效果與作用，同時也代
表了國家機器在面對國際化回應上具有初步的具體成果。

表 4-5：經濟部投審會核准華僑及外國人投資

年	僑外投資總額		華僑投資額		外國人投資額	
	(千美元)	年增率(%)	(千美元)	年增率(%)	(千美元)	年增率(%)
1989	2 418 299	104.50	177 273	46.05	2 241 026	111.19
1990	2 301 772	-4.82	220 115	24.17	2 081 657	-7.11
1991	1 778 419	-22.74	219 462	-0.30	1 558 957	-25.11
1992	1 461 374	-17.83	312 146	42.23	1 149 228	-26.28
1993	1 213 476	-16.96	123 501	0.00	1 089 975	-5.16
1994	1 630 717	34.38	106 790	-13.53	1 523 927	39.81
1995	2 925 340	79.39	168 554	57.84	2 756 786	80.90
1996	2 460 836	-15.88	170 451	1.13	2 290 385	-16.92
1997	4 266 629	73.38	387 463	127.32	3 879 166	69.37
1998	3 738 758	-12.37	184 721	-52.33	3 554 037	-8.38
1999	4 231 404	13.18	132 380	-28.34	4 099 024	15.33
2000	7 607 739	79.79	50 384	-61.94	7 557 355	84.37

資料來源：行政院經濟部統計局

三、投資量與國家認同的關係

　　史卡區波認為國家機器的合法性取得渠道，最重要的來源並不在於多數國民的認可或默許，而是政治上強大而且動員起來之團體的支持或默許，如果國家機器不能堅持處理現有的任務，或者表現出無力處理重大危機的話，那麼這些關鍵團體對國家機器的合法性喪失，往往會導致許多報復的行動[43]。

　　在台灣，資本家成為關鍵團體正式發揮其影響力影響國家機器的時刻，始自於七〇年代台灣退出聯合國之後。由於國民政府失去國際支持之後，台灣與世界的掛勾之處，只剩下經濟與其他非官方活動，而在經濟領域中，大約有 75％～80％左右是台籍人士的企業[44]，因此國民黨政府必須要依賴台籍資產階級與世界掛勾。一九七三年，行政院長蔣經國提出的「實質外交」政策即說明了國民黨政府與台灣企業的依靠[45]。至此開始，台灣企業成為國民黨政府必須依賴，成為與世界發生關係的基礎，而且經濟發展本身也逐漸成為國民黨政府統治台灣社會的一個藉以合法化其統治的現象[46]。

---

[43]　Theda Skocpol 著，劉北城譯，國家與社會革命（台北：桂冠圖書公司，1998），頁 36。

[44]　中華徵信所在一九七〇年初期的調查資料，詳見中華徵信所編，台灣區五十九年度百家最大民營企業（台北：中華徵信所，1971）。

[45]　蔣經國，蔣總統言論集（台北：1978），頁 33。

[46]　Alice Amsden, "The State and Taiwan's Economic Development," in

它一方面可以展現國民黨統治優於共產中國，另一方面可以穩定政治社會秩序。而以台籍為主的資本家團體就逐漸滲透入國家機器中，在八〇年代中期以前與國家機器渡過甜蜜的合作關係，但在同期之後，隨著國家機器無力處理層出不窮反對運動之現象，兩者的合作關係也開始面臨挑戰，資本家在八〇年代末期已經不在鼎力支持國家的政策，出現投資停頓與資金外移的聲浪。

隨著九〇年代資本家與地方政治勢力正式被納入國家機器運作的情形下，資本家與地方政治勢力成為新興的、合法性的，而且強大的政治團體，這些政治團體也成為台灣國家機器合法性的管道來源。因此，仔細觀察八〇年代末期進入九〇年代初期時的企業界對台灣投資心態可以發現[47]，此時期的企業界對台灣前途之看法有超過四成（43.4％）的比率普遍感到悲觀或非常悲觀，僅有兩成三的企業家對台灣前途感到樂觀或非常樂觀（23.8％），而且同時期的企業界有五成七（57.1％）的人將「到國外投資」視為未來兩年重要發展計畫，將「留在台灣擴大經營」視為未來兩年重要發展計畫的業者只有三成四（34.0％）。同時，有接近半數的企業界（49.5％）毫不留情地將台灣投資環境惡化矛頭指向當時執政的國民黨機器，並且以實際行動與言論挑戰執政當局，減緩對台投資，轉往東南亞或中國大陸投資。特別是在

Peter B. Evans, Dietrich Rueschemeyer ,and Theda Skocpol (ed.), *ibid*, 1985, pp.78-106.

[47] 參考資料數據來源為天下雜誌於一九八九年對台灣企業界所做之調查。詳見天下雜誌，1990 年 3 月，頁 72-78。

新台幣被迫大幅升值並導致股票、房地產飆漲後，許多廠商更是以整廠移出而找尋第二春，累計在一九九〇年一月至九月間，台灣在馬來西亞、菲律賓、印尼的直接投資以僅次於日本而排名第二[48]，此企業外移帶來的產業空洞化疑慮，增加了勞資糾紛、失業等社會運動的能量[49]，使得當時的國家機器不得不進行大幅度的改革。

國家機器在九〇年代努力進行台灣投資環境的改善，釋出了許多重大產業的中上游領域供企業界投資，並且將企業界納入國家機器內部運作後，穩固了大企業家對台灣的投資信心。一九九七年的企業界看好台灣經濟的已經將近五成四左右（53.8％），其中的數據顯示國家機器重視的金融、服務與電子相關產業等企業家有超過半數比率對台灣經濟看好[50]。隔年的外商評比，有 55.9％的外商認為台灣在金融風暴後的亞太地區經濟地位將提升，而台灣在外商心中的吸引力更大舉從東亞地區的第六名提升到第三名[51]。這些數據顯示出國家機器的改革已經得到資本家的初步肯定，使得資本家願意與國家機器進行進一步的配合與合作[52]，強化的國家機器的合法性來源，然而，這也代表社會勢力相對於國家機

---

[48] 許介鱗、李文志、蕭全政，台灣的亞太戰略（台北：國策中心，1991），頁 143。

[49] 張茂桂，社會運動與政治轉化（台北：國策中心，1989）。

[50] 詳見天下雜誌，1997 年 6 月，頁 63、66。

[51] 詳見天下雜誌，1998 年 10 月，頁 151。

[52] 例如一九九六年李登輝提出的「戒急用忍」政策在當時並沒有遭受到強大的資本家抗議阻力。

器的能力而言，已經茁壯成為不可忽視的力量。

　　另一方面，表現在九〇年代的固定投資和僑外對台投資之趨勢，與台灣國家認同變遷趨勢的關係並不顯著。資本家納入國家機器的運作，並且將其投資擴大至各產業的中上游以充實台灣經濟的舉動，在表面上確實撫平了九〇年代初期資本家的眾多不滿情緒，並且支撐起國家機器的合法性，穩定了國家機器最基本的汲取功能，可是，隨著各方投資壯碩起來的國家機器合法性內容已經改變，國家機器如要繼續與社會維持良好關係，鞏固其自主性的政策運作空間以繼續汲取社會資源的原因已經不再是冷戰時期意識型態的宣達，而是為企業創造更良好的投資環境。因此，新型態的國家機器在資本家參與入主之後，已經改善了國家能力的汲取功能，逐漸穩固了新國家機器的相對自主性地位，在此同時，由於社會勢力興起之勢並隨資本家入主國家機器的步伐，得以取得正式管道進入國家機器中，因此馴化了國家機器對意識型態的堅持，台灣得以進入國族選擇的時代，下一章要介紹的國家機器調節社會所採行的民主化制度將使得台灣的我族中心思想更為完善。

第五章　民主化對台灣國家認同的影響

> 「人們自己創造自己的歷史，但是他們並不是隨心
> 所欲的創造，並不是在他們選定的條件下創造，而
> 是在直接碰到的、既定的、從過去承繼下來的條件
> 下創造。」
>
> ～Karl Marx[1]

第一節　台灣在一九九〇年代的民主化運動

　　自一九八〇年代中期以來，台灣的威權政治體制已經歷經激烈而徹底的變遷，並展現全面民主化的現象。隨著民進黨的成立、解嚴、國家安全法與人民團體法的公布、結束動員戡亂時期等事件，使得國家機器邁向轉型。一九九〇年代，國家機器內部開始進行大幅度的權力調整以面對社會的變遷，中央民代全面改選與修憲的進行，甚至省長直選和總統大選等事件，使得九〇年代的台灣民主化運動衝擊了國家機器的職能轉變，國家改善了對社會調控之功能，重拾其自主性的空間，並且成為新型態國家認同趨勢下的孕育者。

---

[1]　馬克思、恩格斯選集，第一卷（北京：人民出版社，1972），頁9。

一、台灣的族群政治

一般而言，族群政治的研究核心議題主要是群體中的集體記憶、光榮感、認同、尊嚴，以及自主性地位，但是，在政治運動過程中的族群政治應該要重視運動所提供的物質利益，並且考量到族群在此物質利益上的在認知或情感上的滿足程度[2]，也就是說，如果將族群界線與物質利益分配上的不公平或不平等重疊起來，將成為有力的族群政治動員訴求。

台灣在一九四五年歸還中國，隨即發生影響後來政治發展深遠的「二二八事件」，此事件讓一九五〇年前後跟著國民政府撤退到台灣的百萬人外省族群承繼台灣人民鮮明的族群衝突記憶與怨恨；相對的，它也使得撤遷到台的國民政府對本地人抱有疑慮的態度，並且在移入人口只佔全部人口百分之十三的情形下，國民政府必須特別注重在政治安排上的省籍考量[3]與建構特殊且優勢的政治極權結構[4]。在此不平等的政治權力結構中，本土族群的群體光榮或尊嚴也在強勢國家力量介入下，受到污名化，國家機關在重新界定文化政策的基礎上，大力介入與改造社會部門，企圖將「皇民化」、「地方化」的台灣社會「教化」為與國家機器同質性的中國

---

[2] G. Carter Bentley, " Ethnic and Practice", *Comparative Studies in Society and History*, 29, 1987, P.47.

[3] 一九九一年國會全面改選前，外省人在中央的行政部門與立法部門一直佔有絕對優勢。

[4] 王甫昌，「台灣民主政治與族群政治的衝突」，收錄於游盈隆主編，民主鞏固或崩潰（台北：月旦出版社，1997），頁 142-143。

文化[5]。

　　正因為本省族群雖然在台灣的人口比例佔有絕對多數，但是在政治、經濟及文化上卻呈現極度弱勢的情況下，使得一九七〇年代以降的台灣民主化運動，也同時具有對抗國民黨所主持的國家機器所帶有的「中國意識」或「中國民族主義」之色彩[6]，這種具有台灣民族主義色彩的民主化運動到了九〇年代就形成「本土化」的論述，並與台灣的民主化運動相依相存。

　　對於本省族群而言，九〇年代的政治轉變過程中，台灣本土意識隨著政治民主化運動而升高，而國民政府的國家自主性則隨著政治民主化運動而降低，這使得官方的中國文化、中國認同政策受到本省族群的民主化與本土化運動之強力挑戰，他們將國民黨定位為「外來政權」，是壓迫台灣人民的統治團體，倘若台灣人要得到族群的光榮與尊嚴，就必須打倒國民黨[7]，取得並改造新的國家機器。

　　另一方面，民主化加上本土化的台灣民族主義論述威脅著佔有國家機器的外省族群地位，這種困境導致外省族群具有強烈的危機感，他們深怕民主化過程將喪失其政治特權，

---

[5]　王甫昌，「省籍融合的本質——一個理論與經驗的探討」，收錄於張茂桂主編，族群關係與國家認同（台北：業強出版社，1993），頁 53-100。

[6]　吳乃德，「省籍意識、政治支持，和國家認同——民進黨社會基礎的政治解釋」，收錄於張茂桂主編，族群關係與國家認同（台北：業強出版社，1993），頁 27-51。

[7]　王甫昌，「台灣反對運動的共識動員」，第一屆台灣政治學會年會論文集，1994 年 12 月 17 日。

以及威脅到外省族群光榮、尊嚴、認同、文化的論述[8]，因此出現國家機器是在異常謹慎地處理文化論述下，被動性地邁向民主化過程，以及新黨可以用「保衛中華民國」、「反對台獨」的訴求，很快就吸引了大量的外省人支持的特殊現象。

　　台灣的民主化運動因此涵蓋著許多本土化的色彩，出現不同族群分別支持不同黨派的族群政治現象。

二、選舉與政黨競爭的成型

　　現代民主政治的運作，最主要是建立在定期的選舉與政黨競爭的基礎上。在現實政治的運作中，沒有政黨競爭的選舉政治，只能視為人民沒有選擇的開明專制；而沒有定期選舉的政黨競爭，只會演變成各個政治黨派擁兵自重的派系政治與貪污腐敗。因此，選舉與政黨競爭是相輔相成的歷史進程，而台灣一路走來的民主化變革，本質上就是從國民黨一黨主宰的開明專制逐漸變為政黨競爭的民主轉型過程。進一步說，台灣的定期選舉範圍由鄉鎮市長擴大到省市長，甚至是總統的直接民選，固然是台灣政治民主化的必要條件，然而隨著選舉擴大而出現競爭性政黨政治在威權政治文化傳統底下猷能獲得健全的發展，則是維繫台灣民主鞏固成敗所不可或缺的一環。

---

[8]　王甫昌，「台灣民主政治與族群政治的衝突」，收錄於游盈隆主編，民主鞏固或崩潰（台北：月旦出版社，1997），頁145-147。

　　國民政府在一九四九年遷台之後，為了爭取美國的奧援
與收攬台灣民眾的向心等考慮下，在一九五〇年起開始辦理
地方自治的定期選舉。最初的台灣選舉僅限於地方層級，後
來由於情勢使然才在一九六九年辦理中央層級的民意代表
補選，一九七二年才開始「增額定期選舉」中央民意代表的
舉行。雖然，這些小型的選舉可說是國民黨為有效實施威權
統治的一種控制性有限選舉，但是隨著定期選舉的不斷舉
辦，這種由地方而中央的有限選舉，在一九八〇年以後逐漸
擺脫國民黨的操控，從威權統治的工具轉變成為民間社會表
達政治改革要求的必然管道。隨著經濟與社會現代化而逐漸
升高的政治改革要求，不僅有賴定期的選舉來獲得抒解，同
時在定期選舉的不斷運作下，反對運動人士的政治活動空間
也逐漸獲得擴大，終於在一九八六年九月二十八日，出現台
灣第一個具有實質意義的反對黨—民主進步黨。民進黨的出
現代表國民黨的國家機器自主性已經相對減弱許多，此舉將
影響到整個文化、社會、經濟及政治結構的改變，最後成為
瓦解國民黨威權統治的驅策力量[9]。

　　國民黨適時地在民進黨組成之後解除戒嚴令，開啟政治
自由化的大門，一舉消除了來自社會對國家機器民主改革的
要求，同時也創造了國民黨繼續執政的機會，避免了國民黨
在解嚴之後步入全球性第三波民主化下的代罪羔羊[10]。然

---

[9]　徐火炎，「選舉與台灣政黨重組的趨勢」，收錄於游盈隆主編，民主
　　鞏固與崩潰（台北：月旦出版社，1997），頁247。

[10]　徐火炎，「選舉與台灣政黨重組的趨勢」，收錄於游盈隆主編，民主
　　鞏固與崩潰（台北：月旦出版社，1997），頁255。

而，國民黨也因此種下了路線之爭的陰影，擺盪在保守與改革，統一與獨立的鐘擺中搖晃，造成其支持者相繼脫隊加入了其他政黨，尤其是一九九三年成立的新黨。

　　一九八七年的解嚴象徵台灣政治自由化時代的來臨，而一九九〇年代的幾項重要選舉則象徵著台灣政治民主化的腳步逐漸展開。一九九一年國民大會全面改選和一九九二年立法委員全面改選，是四十四年來第一次國會全面改選；一九九四年台灣省長選舉，則是台灣政治史上首次省長民選；一九九五年舉行的第三屆立法委員選舉，開啟了首次國會全面定期的改選；一九九六年三月的總統大選，則是台灣人民第一次直選總統，建立台灣民主政治的象徵形式；而二〇〇〇年五月的政黨輪替，則代表台灣民主政治最後儀式的完成，邁向民主鞏固的時期。

　　在這段民主化的過程中，由於台灣的政黨政治隱含著濃烈的統獨意識型態、國家認同價值觀與省籍意識，因此九〇年代的台灣選舉總是會涉及到相關的議題辯論[11]，然而隨著台灣選舉次數的增多，統獨議題與國家認同不再被視為禁忌，逐漸成為日常生活的討論議題，在此情況下，選舉與政黨認同似乎讓台灣人民成為每日必面對的國家認同公民投票。

---

[11] 最典型的例子為一九九四年的台北市長選舉，新黨提名的候選人趙少康在電視辯論會中提出「保衛中華民國，反台獨」的競選口號。

三、憲法的修改

　　新興民主國家的民主化過程中，若要從民主轉型邁向民主鞏固的目標，必須要更加民主開放，更加保護個人的自由權利，確保依法行政，反映公眾利益，整合社會弱勢團體，建立獨立的司法監督機制，以及取消軍方和其他社會、政治勢力所享有的特權[12]。Linz 和 Stepan 以其三十年前一起從事民主體制瓦解的原因之研究，對於民主崩潰過程的徵象主要表現在民主體制合法性的逐漸消失，以及對民主制度不具忠誠或半忠誠政客人數的增加，他們以南美洲國家的民主化過程為例，認為民主轉型的完成是指當自由選舉產生的文人政府掌握完全的權力而且可以制訂其認為的新政策[13]。換言之，當一個國家透過新的民主體制所組成的行政、立法、司法部門，在無須被迫與其他行為者（例如軍人）分享權力時，該國便完成所謂的民主轉型。在這民主轉型的過程中，國家機器首重將民主體制建立在深廣的合法性基礎上，這樣一個合法性將被內在化、被身體力行，並且跨越不同的政治世代時，它所影響的將會是人民對民主的抽象使命認知，並且讓人民忠誠服膺一國憲政體系的特定規範[14]。

---

[12]　Abraham F. Lowenthal, *Exporting democracy: the United States and Latin America: themes and issues* (Baltimore: Johns Hopkins University Press, 1991).

[13]　Juan J. Linz & Alfred Stepan，「邁向鞏固的民主體制」，收錄於田弘茂等主編，鞏固第三波民主（台北，業強出版社，1997），頁 65-96。

[14]　田弘茂等主編，鞏固第三波民主（台北，業強出版社，1997），頁 8。

　　因此，民主轉型邁向民主鞏固的過程中，民主體制的建立是必要的條件，而台灣在九〇年代所進行的六次憲法修訂過程就是民主體制建立與鞏固的過程。

　　一九九〇年五月二十二日，李登輝於第八任總統就任儀式後所舉行的中外記者會上宣示：「將在一年內終止動員戡亂時期臨時條款，兩年內完成憲政改革」[15]，隨即展開台灣在九〇年代的一連串修憲工程（見表 5-1）。總計九〇年代的六次修憲內容中，除了繼續強化政府機關應保障人民基本自由權利外，最主要還是在締結台灣的國家機關與人民的合法性連結，其中包括了中央級民意代表、總統與副總統的選舉皆改由中華民國自由地區全體人民選舉產生，並且明訂與釐清五個院級政府機關的合法產生方式與職權範圍等。雖然六次修憲過程可見到李登輝個人意志的斧鑿痕跡，但是這些修憲成果確實提升了政府的國家能力，尤其是其對內合法化能力的制度建構，不僅重新確立台灣的國家與社會之連結關係，而且逐步將台灣帶向民主轉型邁入民主鞏固的道路上。

---

[15]　中國國民黨中央文工會編著，以民意修憲向歷史負責（台北：中央文物，1992），頁20。

表 5-1：六次修憲重點整理

	通過時間	內　　　容
第一次修憲	1991.4.22	解決國民大會、立法院、監察院等中央民意代表全面改選的問題。 賦予總統發布緊急命令的職權。 國家安全會議及國家安全局、行政院人事行政局的法定地位。 明定兩岸人民權利義務關係，得以法律為特別的規定。
第二次修憲	1992.5.27	將總統、副總統的選舉方式改由中華民國自由地區全體人民選舉產生，任期改為四年。 開放省市長民選。 調整國民大會職權，朝常設機關推進。 將監察委員產生方式改為由總統提名；同時將總統對考試院、司法院、監察院有關人員的提名，改由國民大會行使同意權。 明定司法院大法官組成憲法法庭，審理政黨違憲的解散事項。
第三次修憲	1994.7.28	總統、副總統由人民直接選舉方式
第四次修憲	1997.7.18	行政院院長由總統任命之，毋庸經立法院同意。 立法院得對行政院長提不信任案，如通過後，總統經諮詢立法院長得宣告解散立法

		院。 精簡省級政府與議會組織。 取消教科文預算下限。
第五次 修憲	1999.9.3	國大代表之產生依附立法委員之選舉，任期皆為四年。 增列保障退役軍人條款。 針對保障離島居民條款，增列澎湖地區。
第六次 修憲	2000.4.24	副總統缺位時，改由立法院補選。 總統、副總統之罷免案，改由立法院提出，經人民投票同意通過。 立法院於每年集會時，得聽取總統國情報告。 增列中華民國領土，依其固有之疆域，非經全體立法委員依法決議，並提經國民大會依法複決同意，不得變更之。 國民大會走向虛及化，多數職權移轉立法院，未來將依議題採政黨比例產生「任務型」國民大會代表。 總統對司法院、考試院、監察院等三院有關人事的提名，改由立法院行使同意權。

資料來源：作者自行整理

118

第二節　國家機器的合法性

　　台灣在外部的中國代表權喪失與內部的資本投資減緩情況下，國家機器的國家能力削弱許多，造成其合法性大幅下降，國家機器為了重新取得合法性論述的能力，於是進行民主化的制度改革工程，企圖以此制度重新安排與社會的關係，重建其合法性的地位。

一、威權體制的轉型

　　一九四九年底，國民黨在大陸失敗後撤退來台，開始其在台灣的長期統治，由於國民黨藉由戒嚴體制在台灣內部建立了一個威權型態的統治政治，壓縮了憲法中所賦予人民的各項自由權利，並透過侍從關係與國家統合主義的關係滲透到社會各個角落以維繫其統治。這套統治模式讓國家機器在一九七〇年代以前對外宣稱代表中國，對內進行有效統治，而且維持其自主性地位的成功原因有三點[16]。第一，社會內部因為日據時期本土勢力受到壓制與二二八事件中本土菁英大幅消失而沒有挑戰國民黨統治機器的力量；第二，國民黨仍然控制各產業的上游，對私人企業具有操控的地位；第

---

[16]　王振寰，資本，勞工，與國家機器（台北：唐山出版社，1993），頁43-45。

三是美國在二戰後對中華民國在軍事、經濟與國際地位的支持，並透過美援，穩定政局，強化國民黨的統治地位。

一九七〇年代以後，由於中國代表權的喪失，使得國民政府失去外部的支持，但也由於台灣社會內部尚未形成有效壓迫國民黨政府進行改革的壓力，使得國民黨有能力操作與強化國家機器的合法化方向與程度。國家機器透過在政治上局部開放權力給台灣社會菁英，形成國家機器與台灣政治、經濟菁英結合，藉以取得合法性的向內強化，但這種國家機器合法性取得的基礎並不是與社會大眾的結合；在經濟上則透過十大建設的推行以維持經濟的穩定發展，並藉著經濟發展優先的理由強力打壓零星社會運動的挑戰，藉此獲得國家的汲取能力與自主性的地位。

然而，隨著一九八〇年代國民黨政府面對國內越來越嚴重的資金外流與社會運動風潮下，原本期望透過與國際和國內資本加強關係以創造景氣提升台灣的產業水準，並合理化國家對反對運動的鎮壓之企圖並不成功[17]，這一連串的失敗使得國家能力逐漸喪失，自主性地位屢受挑戰，也使得國家政權性質開始轉化，正式向下尋求正當性。蔣經國統治時期的末年，國家機器已經開始嘗試吸納社會不同的聲音，企圖透過政治自由化的轉換過程降低國家與社會的敵對關係[18]，

---

[17] 王振寰，資本，勞工，與國家機器（台北：唐山出版社，1993），頁52。

[18] 鄭敦仁、海格德，「台灣政權的轉變：理論與比較觀點」，收錄於張京育主編，中華民國民主化（台北：國際關係研究中心，1992），頁24。

然而，這個嘗試在蔣經國逝世後卻停滯了。

　　李登輝的繼任是在國民黨內派系鬥爭的過程中穩住權力地位。執政初期，李登輝採取與保守勢力暫時妥協的策略，提名軍事強人組織內閣的方法使得國民黨內部的鬥爭暫時平息，但是這也暫停了台灣政治自由化的步伐，步向新威權政治的時期。新威權政治的特色是以國家機器的力量強硬對待社會運動，企圖重振公權力及創造新的社會秩序以推動資本主義的擴張和發展[19]，這段短暫妥協的過程讓李登輝建立起其在黨內派系與黨外資本家的信任，更因為李登輝的本省籍色彩使得反對勢力對國家機器的質疑由台灣民族主義式的觀點轉向憲政適法性的觀點，造就了李登輝藉其魅力型的領導風格引領台灣的政治走向民粹主義的狂飆時期。

　　李登輝與保守勢力的暫時妥協終究因為對國家機器的國家能力取得管道，包括合法性的來源、資本汲取來源、對社會的支配調解功能等認知的不同，而分道揚鑣，國家機器在李登輝的魅力帶領下再度走向群眾，資本家、地方派系、反對勢力等逐漸成為國家機器的權力聯盟，一同掌控國家機器，並且剷除了舊勢力，新的權力聯盟在透過數次的修憲過程將新國家機器的權力運作制度化，並從中學習適應了民主化過程中的國家與社會之互動模式。

　　民粹狂飆後的台灣國家與社會沈澱成民主的鞏固，然而因為國家機器的國家能力來源與性質已經轉換，連帶影響到

---

[19]　王振寰，誰統治台灣？轉型中的國家機器與權力結構（台北：巨流圖書，1996年），頁80。

國家的合法性來源之取得。

二、舊政權的合法性來源

　　一九四九年十二月，國民政府播遷到台北，將在大陸時代的「動員戡亂時期臨時條款」轉到台灣實行，並實行戒嚴令，將國家視為處在內戰狀態中，蔣介石高唱「反攻大陸」，主張台北的國民政府依然是「代表全中國」的正統政權，因此在台灣繼續維持一九四七至一九四八年在大陸依「中華民國憲法」之程序所形成的整個中央政府機構。一九五○年六月的韓戰爆發使得美國介入台灣海峽的戰爭，並改為支持國民政府的地位，互相派換外交使節與支持其聯合國代表權，國民黨獲得美國的大量軍事和經濟援助，美國與國民政府還締結相互防衛條約協助防衛台灣。這些種種的舉動提供給蔣介石的中國正統性主張極大的外部正統性支持，也形成畸形的另一個中國政權統治在台灣安定下來[20]。

　　國民政府除了在美國支持下延續了它的合法性與解決其生存危機，同時也開始尋求國家制度的改善來與台灣社會改善關係。這主要有三個面向[21]：透過土地改革爭取農民支持，並爭取地主勢力；透過地方選舉與地方勢力結合；以及透過黨的改造大量吸收台籍黨員。

---

[20]　若林正丈著，洪金珠、許佩賢譯，台灣—分裂國家與民主化（台北：月旦出版社，1994），頁 101。

[21]　王振寰，資本，勞工，與國家機器（台北：唐山出版社，1993），頁 32。

　　土地改革是國民黨在大陸與中共鬥爭失敗後的教訓，國民黨認為地土與佃農之間存在著結構性的衝突，這種衝突必須要及早遏止，以防範由下而上的動亂[22]。以上的意識再加上國民黨政府與台灣的本土地主階級沒有利益上的糾葛，所以這一政策很順利的推展下去。小農戶從此變成了台灣農村的最大多數人口，地主階級從農村中消失，難以再威脅國民政府的統治地位。

　　除了土地改革爭取農民支持外，國民政府還透過地方選舉與地方菁英結合。此種地方級選舉的功能，一方面具體區分出「自由中國」與「共產中國」的分別，另方面讓國民政府成功收編地方的菁英，並取得其支持，創造國民黨統治的合法性[23]。

　　另外國民黨的黨務改造運動除了成功清除內部的貪污腐敗因素外，也積極地吸收許多台籍的黨員，不僅樹立了蔣介石的威望，同時也改善它與社會的關係。

　　國民黨國家機器在外在的支持與制度的改善逐漸磨合其與社會的關係後，最中心的思想仍是以「一個中國」的原則來面對國際與國內情勢的變化。國民黨的一個中國政策是指其政權縱然與中國大陸的關係是處於相互敵視的交戰對峙狀態，但是此政權仍心冀著代表全中國領土的主權代表，與中共進行主權的爭執，而此種主權爭執的交戰對峙狀態被

---

[22] Hung-chao Tai, "The Koumintang and Modernization in Taiwan," in Samuel Huntington and Clement Moore, eds. *Authoritarian Politics in Modern Society*. (NY: Basic Books, 1970).

[23] 鄭牧心，台灣議會政治四十年（台北：自立晚報社，1987），頁 153。

合理化為暫停台灣的中央級民意代表選舉與避免任用太多
台籍人士入中央政府的理由。雖然此舉延續了國民政府所建
構的代表全中國象徵之合法性，但是僅佔有台灣人口一成五
左右的外省籍人士卻佔有歷屆內閣與國民黨之情況[24]，使得
國家機器與台灣社會之間一直呈現著結構性的緊張關係[25]。
這種中常會的七成以上之比例（見表 5-2、5-3），以及國會
全面改選前的半數以上的比例結構性的緊張也逼使得國民
黨政府在一九八〇年代時期失去國際支持的情況下，逐漸走
向政治民主化、本土化的協調互動模式以尋求國家機器與社
會部門的結構性緩和。

表 5-2：歷屆內閣成員省籍比例（1950-1980）

年代	外省籍%	本省籍%
1950-1954	95	5
1954-1958	94	6
1958-1963	92	8
1963-1972	89	11
1972-1978	79	21
1978-	68	32

資料來源：王振寰，《資本，勞工，與國家機器》（台北，唐山出版
　　　　　社，1993），頁 38。

---

[24] 林嘉誠，「國會改革與民主政治發展」，收錄於蔡政文主編，邁向已
開發國家—中華民國政治發展（台北：台灣大學政治系，1990），頁
31-44。
[25] 彭懷恩，朝向高層之路—中華民國的內閣菁英（台北：動察，1986），
頁 177-186。

表 5-3：國民黨中常會台灣化比例

年	總數	台籍	外省籍	外省籍/總數 ％
1952	10	0	10	100
1957	15	2	13	87
1963	15	2	13	87
1969	21	2	19	90
1976	22	5	17	77
1979	27	9	18	67

資料來源：王振寰，《資本，勞工，與國家機器》（台北，唐山出版社，1993），頁 38。

三、新國家的合法性取得

隨著國際各國，尤其是美國，對國民政府的主權支持逐漸減弱，使得國民政府失去外在的支持，而其對內又出現國家與社會明顯隔離的狀態下，國家機器為了確保其合法性的來源，所採用的策略是強化對內的合法化統治，積極尋求台灣社會內部更大的支持，而民主化與本土化就是伴隨而來的政府轉型。

1、一九七九年～一九八八年的國家機器合法性向社會內部延伸

國家機器邁向本土化的努力是其欲尋求合法性向內延伸的重要措施。外交環境的挫敗使得國家機器的統治菁英必須更重視社會普遍要求政治開放的呼聲，其次，國民黨為了

面對七〇年代末期以來中共發動的一連串和平攻勢以企圖瓦解台灣群眾的危機意識，遂採取將政治重心擺到安撫台灣社會民心的措施上，因而更依賴選舉制度為其獲取政權合法性的基礎。這樣的結果造成中央民意代表的增選在一九七二年第一次局部的開放，並於一九八〇年再度擴充[26]。同樣的，在國民黨內的內閣與中常會等權力核心組織在同時期也出現大幅增加台籍比例的情況（見表5-2、5-3），使得國家機器對台灣社會的調控方法逐漸由過去的壓制轉向民主化與本土化的方向。

然而，這種利用選舉制度來網羅本土地方菁英，以及利用政黨組織來整編既存地方依侍關係網絡藉以重新獲取國家能力繼續延伸的設計，實質上僅呈現出國民黨政府進一步與台灣政經菁英的結合，但不是對社會大眾的結合，因此在反覆的選舉挑戰與新的政治反對勢力興起後，將迫使得國家機器開放更大的政治空間與思想空間來面對社會積醞已久的挑戰聲浪。

2、一九八八年～一九九三年的國家機器轉型

蔣經國的逝世與李登輝的繼位讓國民黨的國家機器面臨社會對其強烈挑戰的抉擇。失去強人的國家機器面對社會勢力的崛起與國家能力的衰弱之應對措施是擺盪在開放更多的政治空間、思想空間以換取更充分的合法性來源，或者是暴力介入抑制八〇年代中期以後風起雲湧的社會運動，以

---

[26] 胡佛、朱雲漢，「台灣的選舉競爭與政治民主化」，收錄於張京育主編，中華民國民主化（台北：國際關係研究中心，1992），頁248。

換取大資本家在台投資的信心等二條道路上，而前者涉獵到
國家機器繼續向台灣社會傾斜的本土化方向，後者則維持在
國家與本土政經菁英利益結合，希望繼續維持中國法統。然
而使得國家機器走向前者道路的關鍵是內部聯盟的改變[27]，
李登輝的改革派藉由其台籍的色彩，利用總統與黨主席的職
位，積極聯盟甫成立的民進黨勢力與其他外在的政經勢力，
逐漸剷除機器內部舊有的勢力並且鞏固其在台灣政壇的地
位。而此聯盟過程中所採行的更開放政治空間與思想空間則
加速台灣的民主化腳步，並且讓「一個中國」對立面的台獨
思想不再被國家機器所壓制，國家認同的選項成為可以被討
論的議題。

3、一九九三年後的民主轉型

　　九〇年代的國民黨政府在停止動員戡亂時期，重新回歸
憲政的情況下，總共進行了六次修憲工程以重新架構國家機
器的合法性來源，國家機器希望藉由台灣地區的選舉制度賦
予其合法性來源，藉以取代中國代表權在國際消逝的窘境。
國家藉由修憲程序將民主的方法制度化地規定在其與社會
的互動過程中，使得國家機器穩定走向民主轉型的道路上，
並重新定義台灣與中國大陸的關係是處在制度的競爭上，取
代過去意識型態上的正、偽政權之爭[28]。

　　在這段民主轉型的過程中，台灣歷經多次的地方與中央

---

[27] 王振寰，誰統治台灣？轉型中的國家機器與權力結構（台北：巨流圖
書，1996 年），頁 83。

[28] 林水吉，民主化與憲政選擇（台北：風雲論壇，2002），頁 372-386。

級的選舉，每次選舉都衝擊到敏感的國家認同議題，並帶動
輿論的討論，無形中造成一而再再而三的選舉過程是對選舉
人身份認同再思考的公民投票洗禮程序，而此身份認同的一
再洗禮程序，就如同本論文第三章所言，在國際空間的中國
代表權消逝與兩岸互動後出現強烈落差的情況下，造成國家
認同的板塊進行移動。

　　其次，一九九三年的國民黨分裂，將繼續堅持中國「正
統性」意識型態的保守勢力陣營分離出國民黨成為「新黨」，
此事件正式將台灣的政黨政治劃上國家認同區別的代表性
符號[29]。執政的國民黨機器在沒有保守勢力從中干擾的情況
下，更大步邁向本土化的道路以建構與尋求國家合法性的來
源，正式轉型為新的國家機器[30]，而民主化的制度與伴隨而
來的本土化論述在新國家機器的運作與修憲後的憲法保障
下，將反饋影響到台灣社會的國家認同。

第三節　民主化對台灣國家認同的影響

　　在台灣民主化的過程中，一九九〇年代具有重大進展的
一頁，回歸憲政的台灣相繼完成中央級民意代表的改選與總
統、副總統的選舉，重新建構國家機器與台灣社會的關係，

---

[29]　在九〇年代的國家認同議題上，民進黨代表強烈的台灣人認同，新黨
　　代表中國人認同，國民黨則代表既是中國人又是台灣人的務實認同。
[30]　王振寰，誰統治台灣？轉型中的國家機器與權力結構（台北：巨流圖
　　書，1996年），頁85。

並且透過六次修憲鞏固了民主化的進程。在這些國家機器自發性、被動性的邁向民主化過程中，國家雖然失去了外部合法性的認可，但卻成功架構了其與社會的互動關係，建立了合法性的內在來源，重新取得國家機器的自主性，並且影響社會內部對民主憲政的認同。

一、我族的成形

台灣近年來的民主化除了涉及到「政體」的合法性危機之外，還包括國家機器企圖對其國家能力實施與控制的範圍進行重新界定，因此，在此界定的過程中常會牽涉到「國家疆界」的定義問題。換句話說，國家機器在邁向民主化的過程中所致力的不只是要在台灣建立一個民主的「政體」，還要建構一個具有充分內在合法性基礎的「民主國家」，以彌補國家能力和自主性在中國代表權被取代後的逐漸消逝問題，同時，國家機器亦希望藉由民主政體與內在合法性等因素來區別其與過去政體、對岸國家之間的關係，企圖藉此重拾外在的支持。

然而，在此民主化的過程中，隨著合法性來源由外在的中國代表權邁向對內的合法性賦予時，整個國家與社會經常隨著選舉過程而牽涉到「本土化」的論述，本土化就此成為台灣民主化過程中相應而生的副產品。因此，台灣特殊的族群政治文化常隨著本土化論述的認同與否，衍生出特殊的政黨認同，而每次選舉過程中的政黨認同也就會被升高為不同的「國家保衛戰」，呈現台灣民族主義建國運動與中華民族主義保衛中華民

國法統運動之間的拉扯[31]。由於社會對國家和民族的疆界有不同的想像，加上對岸的中共政權對台灣具有領土的野心，使得台灣的民主鞏固道路充滿民族主義的情懷。

民族主義和民主之間經常充滿緊張，這是因為兩者雖然都主張「人民的意志」是至高無上的，但卻用不同的標準來界定「我族」。民族主義常用血統、種族、地緣、宗教或文化等特徵來區分我族與他族；崇尚自由主義的民主主義則傾向用公民權等政治身份來界定我族。Linz 在分析第三波民主化特徵中認為，對於存有認同衝突的分裂社會來說，如果民主要能鞏固，那麼國家與社會所要努力建立的不是「民族-國家」（nation-state），而是「國家-民族」（state-nation），因為後者是以共同生活的政治社群做為國家認同的對象，並且容忍甚至欣賞相異或多重的民族想像[32]，依據政治社群做為國家認同而產生的民族主義將是「公民民族主義」（civic nationalism）、「自由民族主義」（liberal nationalism）或「土地民族主義」（territorial nationalism）來取代狹隘的「族群民族主義」（ethnic nationalism）[33]。

台灣在邁向民主鞏固與本土化的過程中也呈現出由「公民民族主義」取代「族群民族主義」的想像過程。對多數人

---

[31] 林佳龍，「台灣民主化與國族形成」，收錄於林佳龍、鄭永年主編，民族主義與兩岸關係（台北：新自然主義，2001），頁 218。

[32] Juan J. Linz "State Building and Nation Building," *European Review*, Vol.1, No.4, 1993, P.356.

[33] 林佳龍，「台灣民主化與國族形成」，收錄於林佳龍、鄭永年主編，民族主義與兩岸關係（台北：新自然主義，2001），頁 219。

來說，「台灣人」所指涉的已經不是族群的概念，而是政治
和地理的認同[34]，即使是外省人也逐漸接受台灣人認同，開
始接受自己同時是中國人也是台灣人的傾向（見表 5-4）。
事實上，大多數台灣人民已經逐漸接受台灣（或中華民國）
是一個主權獨立的國家，她的國土和國民範圍並不涵蓋中國
大陸及其人民（見表 5-5），更重要的是，大多數台灣人民
已經可以接受以漸進和民主的方式來處理認同的衝突問題
（見表 5-6）。

　　除了下層的社會人士逐漸形成「公民民族主義」的論述
外，國家機器也在政治菁英的選舉競爭中朝向「命運共同
體」、「新台灣人」和「公民民主自決」等「公民民族主義」
論述方向匯合。捲入國家機器運作的政黨與政治菁英逐漸拋
棄族群動員的論述，在持續不斷的選舉過程中，為了在群眾
層次創造出具有最大利益、最廣共同性的政治認同、價值觀
和成就感等選舉策略，政黨之間的競爭不再是零合鬥爭，而
是談判、妥協和分配的政治過程。

　　另一個同時在影響台灣公民民族主義論述形成的力量
是中共的威脅，這項因素在第三章中層做詳細說明。因此，
台灣在民主化與選舉競爭的「拉力」因素下，由內而外把台
灣人民拉在一起，並且在中共威脅因素中，由外而內把各族

---

[34] 遠見雜誌在一九九六年六月十六-十八日期間對台灣人民進行的國家
　　認同電話調查，數據顯示 55％認為凡是「在台灣出生的人」或「住在
　　台灣的人」就是「台灣人」；此外，也有 55％的人認為只要是「認同
　　台灣的人」就是「台灣人」，有 39％認為「自認為是台灣人的人」就
　　是台灣人。參見遠見雜誌，1996 年 6 月 15 日。

群台灣人民推在一起，使得民主化內涵深化了台灣的公民民族主義，逐漸形成了我族的認同。用 Anderson 的話來說，如果民族是一種「想像的共同體（imagined community）」，那麼九〇年代初期選擇民主制度企圖有別於過去政權與中共政權的國家機器，在民主化的洗禮下，已經建構了這個共同社群的疆界和內涵，成功創造「我族」的論述，並且有能力繼續將此論述的想像權力捍衛在台灣地區的國家與社會中，但並不包括海峽對岸的十二億中國人[35]。

表 5-4：本省人和外省人的國家認同及其變化

國家認同	本省人			外省人		
	1993 年	1996年	1999 年	1993 年	1996 年	1999 年
台灣人	32%	40%	38%	2%	9%	8%
台灣人和中國人	35%	40%	52%	23%	44%	63%
中國人	27%	17%	9%	73%	47%	30%

資料來源：林佳龍，〈台灣民主化與國族形成〉，收錄於林佳龍、鄭永年主編，《民族主義與兩岸關係》（台北：新自然主義出版，2001）。轉引自台灣大學政治系選舉研究工作室針對全國選民進行的面對面調查。

---

[35] 林佳龍，「台灣民主化與國族形成」，收錄於林佳龍、鄭永年主編，民族主義與兩岸關係（台北：新自然主義，2001），頁 238。

表 5-5：台灣人民對「領土」、「國民」和「主權」的認知

問卷題目	1996 年 2 月	1996 年 7 月	1998 年 7 月
領土：您認為我國的領土範圍，只包括台澎金馬、還是應該也包括中國大陸？	41%：42%	51%：33%	65%：27%
國民：您認為我國的人民，只包括台澎金馬 2100 多萬人，還是應該也包括中國大陸 12 億人民？	44%：39%	58%：28%	64%：28%
主權：關於台灣的前途，您認為只有台灣人民才能決定，還是中國大陸的人民也有權利參與？	無	73%：13%	81%：13%

資料來源：同表 5-4

表 5-6：台灣人民對於用公民投票解決統獨爭議的態度

問卷題目	1993 年 2 月	1996 年 2 月	1998 年 7 月	1999 年 2 月
請問您贊不贊成用公民投票的方式來解決統獨的爭議？	52%：28%	56%：23%	60%：34%	61%：23%

如果公民投票的結果和您的統獨立場不合時，請問您是否會接受公投的結果？	無	無	70％：20％	無

資料來源：同表 5-4

二、認同的變化

在邁向民主化深化的道路上，國家機器轉向對內尋求合法性的認可，也導致本土化論述內容伴隨民主化運動而生，台灣意識因此不斷增長。如 Horowitz 所言，民主化將使人民要求重新界定政治共同體的性質，人民將針對舊政權提出兩大質問：「舊政權從何而來？」和「誰統治舊政權？」[36]。當這些問題如潘朵拉盒子般地被打開，在台灣的屢次選舉中被提起時，國家機器將隨著民主化的腳步邁向本土化。

不可諱言，從傳統封建國家到現代民主資本主義國家的過程中，國家採取行動的範圍之自主性呈現出越來越弱的現象，但是國家卻因為觸及民間社會的程度越來越高，使得其執行政治決定的能力似乎越來越高[37]。國民黨國家機器在集

---

[36] Donald L Horowitz., *A Democratic South Africa? : Constitutional Engineering in a Divided Society* (Berkeley : University of California Press, 1991), p. 41.

[37] Michael Mann, "The Autonomous Power of the State: It's Origins, Mechanism and Results," *European Journal of Sociology*, 25 (1984),

權政體走向民主化的轉型過程中也呈現同樣的現象，國家不能再將意識型態定於一尊，反而隨著合法性的向內強化而拋棄中國正統性的論述，企圖創造迎合此「疆域」內部社會人民的認同，也因為社會的共同參與，使得國家創造「想像共同體」的能力越來越高。李登輝在一九九〇年就任第八任總統時，提出「中華民國在台灣」的言論，正是掌握台灣獨有的內部認同上昇、外在認同下降之處境，巧妙回答因應多數民心的新政治論述，然而其內容明顯繼承舊國民黨的中華民國法統和中華文化道統。到了一九九四年時期，為了因應在野勢力的崛起[38]，與新黨的成立之現象，李登輝在司馬遼太郎的訪問中，嘗試回答過去國民黨與今日國民黨的定位差異處，不諱言指出舊國民黨政權是「外來政權」，並且長期都由外省人主導，企圖重新建構國民黨老店新開的歷史意義，迎合社會的變化。同時期，因為郝柏村下台與新黨的興起，國民黨政權全面本土化的號召下，導致「中國人認同」比例迅速下降，從一九九三年一月的 48.5％，急遽降到一九九四年二月的 24.2％。一九九四年四月的千島湖事件更讓「台灣人認同」急速竄升，超過「中國人認同」。

　　一九九六年五月，李登輝就任首屆民選總統，隨著領導權威的鞏固，就職演說公開標舉「主權在民」和「經營大台灣、建設新中原」為施政理念，希望在既有的中華民國論述

---

p.191.

[38]　一九九二年的立委選舉，民進黨得票率 39.42％，隔年的縣市長選舉更突破四成，達到 41.03％，反觀國民黨在一九九二年的得票率為 53.02％，一九九三年更下降破五成，只有 47.47％。

中，添加台灣主體意識的成分。同年的十二月，國家發展會議做出「台灣優先」的朝野共識之後，「台灣人認同」比例更有持續升高的趨勢。一九九七年九月，「台灣人認同」比例升至 36.9％，首度超過「既是中國人也是台灣人」比例，此時的「中國人認同」比例只剩 23.1％。隨著民進黨在歷次的選舉得票率中呈現穩定的成長狀態，國民黨因此加大邁向本土化的步伐，「台灣人認同」的比例也穩定在四成上下徘徊，當李登輝在一九九九年七月提出兩岸關係為特殊國與國關係時，「中國人認同」僅剩下 13.1％的比率，而「台灣人認同」已經穩定有四成左右的支持比例了（見表 5-7）。

政治民主化，尤其是選舉所帶動的政治參與，將台灣的國家與社會不分族群地捲入一個以台灣為疆界的「國族想像」過程，這個政治參與的過程使得社會各部門和團體有機會與國家部門進行觀念的溝通和利益的交換，而且有助於形塑以憲政制度為基礎的集體認同，進而在國家機器的帶領之下，形成一個命運和利害的政治共同體[39]，反映出霍布斯邦（Hobsbawn）所提出的「國家創造民族，而非民族創造國家」的現象[40]。

---

[39] 林佳龍，「台灣民主化與國族形成」，收錄於林佳龍、鄭永年主編，民族主義與兩岸關係（台北：新自然主義，2001），頁 235。

[40] 霍布斯邦 (Hobsbawm, Eric J.)著，李金梅譯，民族與民族主義（台北：城邦文化，1997），頁 10。

表 5-7：台灣民眾的「中國人認同」與「台灣人認同」數據表

	台灣人認同	既是中國人也是台灣人	中國人認同
9/1992	16.7	36.5	44
1/1993	16.7	32.7	48.5
2/1994	29	43.2	24.2
3/1994	22.5	49.5	23.8
7/1994	28.4	49.9	21.7
6/1995	27.9	43.6	23.8
11/1996	24.9	49.5	20.5
5/1997	32.8	45.4	21.8
9/1997	36.9	34.8	23.1
11/1997	43.3	39.4	17.3
4/1998	42.3	41.2	16.3
5/1998	30.5	37.2	19
7/1998	34.5	41.3	18.2
8/1998	38.9	38.4	16.4
9/1998	37.8	39.5	16.7
1/1999	38	44.9	12.3
4/1999	36.9	45.4	12.7
8/1999	44.8	39.9	13.1
10/1999	39.7	45.7	10.1
2/2000	45	39.4	13.9
4/2000	42.5	38.5	13.6

資料來源：行政院陸委會

第六章　結　論

「權威並不神秘，也非自然之物。她形成、發散和傳播；她是工具，以威脅利誘；她建立品味和價值的典範；她實際上和她標榜為真理的某些觀念融合為一。她同時也和傳播、再生產過後的傳統、觀念和概念難以區分。不過，權威是可以，也應該被分析的。」

～Edward Said

「所謂『本源』（origin）可能只是一項偶發事件、一場權力遊戲、一個指向無窮詮釋的中途點而已。」

～Michel Foucault

第一節　國際因素的影響

　　台灣在一九七〇年代因為喪失中國代表權而退出聯合國之後，國家影響國際勢力的能力銳減許多，但是國家自主性並沒有因此而消失，相反地，台灣在邁向全球化過程中所展現的旺盛對外經貿關係，不但創造了國際欣羨與國內自豪的經濟奇蹟，同時更使得台灣在外交極度孤立下，創造出替

代的「準外交關係」，使得台灣能夠繼續保持與國際的聯繫[1]，以維持其在國際舞台上的相對自主性。另一方面，台灣社會在全球化腳步上表現出高度跨國流動的人口，形成高度跨國流通的客體與主體（transnationally mobile objects and subjects）。產生出「我群」與「他群」的分別，再配合其他結構性條件的出現，國族主義（nationalism）由然滋生，而這個社會也理所當然地被稱為一個國族（nation）[2]。台灣在全球化下的跨國流動中，催化了台灣的國族選擇問題，再加上台灣與國際（包含中國大陸）的面對面接觸，配合國際上特殊的結構安排與差異，使得台灣人更加深了「我群」與「他群」的區別意識。第三，台灣的國家機構在面對全球化與國際壓力衝擊時，不僅沒有消失，反而藉此「人」「我」區別而意圖創造新的論述以取得更深厚的支持與國家能力展現，企圖藉此重塑國家在國際社會中的自主性。

因此，台灣的國家角色在一九七〇年代後被國際社會有系統地排斥在外，可是台灣的社會卻與全球化趨勢所創造下的「地球村」緊密結合的情況，存在著極大的鴻溝，這個鴻溝也為台灣的國族問題開創了茲長與激化的空間，並且創造出國家重返國際社會的新渠道。在國家自主性仍存在的情況下，雖然國民黨政府所創造的中華民國體制與中國代表地位面臨日益嚴重的外部危機挑戰，但是，國家機關仍會主動發

---

[1] Donald W. Klein, *ibid*, 1992.

[2] Ernest Gellner 著，李金梅、黃俊龍譯，國族與國族主義（*Nation and Nationalism*）（台北：聯經出版社，2001）。

揮其一定的影響力以爭取更多國家能力，此時，國家機構轉
向台灣國族主義的型塑與訴求就是對此結構安排下的反應[3]。

　　國際制度的轉變可以用來說明台灣認同現象的轉變[4]。國際
制度的關鍵在於它不但型塑了自我認同（self-identification），
同時也提供了「他人的認可」（identification by others）[5]。
中華民國制度的失敗，讓台灣形成曖昧的國格地位，在一九
七〇年代到九〇年代的國際結構轉化中，無論台灣的政府如
何自我宣稱是「台灣政府」或「中國政府」都沒有用[6]。因
此，造成台灣人「中國人」認同幻滅的原因，除了與興起的
台灣本土意識有關外，更重要的是中華民國制度在國際社會
的失效，使得台灣政府的中國代表性及台灣人民的中國人認
同大量地失去「他人的認可」，因此已經難以再支撐這樣的
認同，國家自然轉向新認同的支撐，以維持其既有的自主性。

　　Krasner 認為，一個國家最有力的資產是國際社會所賦
予它的司法主權，其他國家願意為它的存在而背書，並放棄
在同一領土上主張主權的機會[7]。然而，台灣的中華民國制
度在國際社會失效後，台灣就逐漸喪失這項有力的資產，形
成一個獨立存在於國際社會的政府實體，但卻不見容於目前

---

[3]　汪宏倫，「制度脈絡、外部因素與台灣之『national question』」，台
　　　灣社會學，第一期（台北：2001 年 6 月），頁 228-233。

[4]　汪宏倫，「制度脈絡、外部因素與台灣之『national question』」，台
　　　灣社會學，第一期（台北：2001 年 6 月），頁 280-287。

[5]　Berger, Peter L & Luckmann, Thomas, *ibid*, 1990, p.132.

[6]　這會形成「一中一台」或是「兩個中國」的情況。

[7]　Stephen D. Krasner, *ibid*, 1988, pp.66-94.

國際社會制度，不被國際社會接受的特殊例子。Ernest 以共同的受難（suffering）比起歡愉（joy）更容易團結人民的意識，提供國族（nation）集體記憶的基石，而國族的存在，就是一種「每日的公民投票」（daily plebiscite），是經年累月，長期蓄積的心理能量[8]。台灣的國家與社會原本以「中國人」的認同被國際社會所認可的集體記憶基石，在一九七〇年代後被受挑戰。當「中國人」成為「中華人民共和國」的代表時，台灣的「中華民國」政府也在思考另外一套國際生存的辦法[9]。由於台灣被排除在國際社會的「每日否決」（daily votes）新聞事件充斥在國家機構與民間社會間，這些新聞事件在在提醒台灣的政府機關與市民社會面對目前的體制在國際間是「集體不存在」（collective non-existence）的事實，並且提醒人們追求一個被認可的國格的必要性，培養出政府機關對外尋求國際生存空間，對內尋求社會認可的能力，日久之後很容易因為「集體受難」而加深「命運共同體」的意識，而成為塑造新內容國家認同論述的推手。

梯利（Charles Tilly）以戰爭讓人們必須將資源和權力集中起來，並且強化對領袖的效忠，以採取一致的行動，有利於國家的形成為例，說明戰爭不只製造國家，也製造國族（nation），戰爭會使人們產生休戚與共、同仇敵慨以及集體的認同感[10]。以台灣的情況來說，長期面臨來自中共的戰

---

[8]   Ernest Renan, *ibid*, 1990 , p.53.

[9]   包括了九〇年代中期的各種對「一個中國」內容論述，九〇年代末期的「特殊國與國關係」，以及 2000 年的「兩國論」。

[10]   Charles Tilly & Leopold H. Haimson , *ibid*, 1989.

爭威脅與外交打壓，無疑對台灣的國家形成和國族形成影響深遠，同時也可以解釋為何台灣的國家能力展現逐漸由「中國代表權」爭奪戰逐步邁向爭取「台灣代表權」重回國際社會的原因。

第二節　汲取因素的影響

　　史卡區波認為國家機器的合法性取得渠道，最重要的來源並不在於多數國民的認可或默許，而是政治上強大而且動員起來之團體的支持或默許，如果國家機器不能堅持處理現有的任務，或者表現出無力處理重大危機的話，那麼這些關鍵團體對國家機器的合法性喪失，往往會導致許多報復的行動[11]。

　　資本家成為台灣的關鍵團體正式發揮其影響力影響國家機器的時刻，始自於七○年代台灣退出聯合國之後。由於國民政府失去國際支持之後，台灣與世界的掛勾之處，只剩下經濟與其他非官方活動，而在經濟領域中，大約有 75％～80％左右是台籍人士的企業[12]，因此國民黨政府必須要依賴台籍資產階級與世界掛勾。一九七三年，行政院長蔣經國提出的「實質外交」政策即說明了國民黨政府與台灣企業的

---

[11]　Theda Skocpol 著，劉北城譯，國家與社會革命（台北：桂冠圖書公司，1998），頁 36。

[12]　中華徵信所在一九七０年初期的調查資料。

依靠[13]。至此開始，台灣企業成為國民黨政府必須依賴，成為與世界發生關係的基礎，而且經濟發展本身也逐漸成為國民黨政府統治台灣社會的一個藉以合法化其統治的現象[14]。它一方面可以展現國民黨統治優於共產中國，另一方面可以穩定政治社會秩序。而以台籍為主的資本家團體就逐漸滲透入國家機器中，在八○年代中期以前與國家機器渡過甜蜜的合作關係，但在同期之後，隨著國家機器無力處理層出不窮反對運動之現象，兩者的合作關係也開始面臨挑戰，資本家在八○年代末期已經不在鼎力支持國家的政策，出現投資停頓與資金外移的聲浪。王永慶的出走風波充分顯示出奠立在「經濟快速發展」的發展型國家機器的合法性已經出現嚴重危機[15]。

王紹光、胡鞍鋼以財政汲取能力做為國家能力的首要指標，這個首要指標將影響國家正當性的基礎；而 Jessop 將新自由主義風潮下的國家賦予新的意涵與理論，其中，「資本積累」亦被視為新國家機器的改進面向之一，資本積累的成功與否將影響國家機器建立國族主義霸權的重要因素。再比較九○年代以後的各項經濟數據則顯示出國家機器的轉型成功，資本家在此時已經揮別掉過去不愉快的合作經驗，與國家機器正進行緊密的合作，進行國家內部新一階段的資本積累工程。度過八○年代末期與九○年代初期政治不穩定期

[13] 蔣經國，蔣總統言論集（台北：1978），頁 33。
[14] Alice Amsden, *ibid*, 1985, pp.78-106.
[15] 王振寰將此 1980 年代晚期的國民黨政府正面對國內資本退縮投資與民間社會運動湧現等兩大正當性危機。

後的國家機器也逐漸轉型成新威權主義的型態[16]，以保障資本家的利益為其重要要務，因此，九〇年代的固定資本投資呈現穩定的增長趨勢，其中的民間投資額更是穩健地呈現每年正成長的趨勢，顯示出國家機器受到國內資本家的肯定，資本家也以實際的投資行動證明支持國家的立場。然而，相較於國內資本家在九〇年代對台灣投資的穩定成長趨勢，華僑及外資對台灣的投資則呈現不穩定的成長趨勢。僑外投資的明顯成長座落在台灣的國家機器提出「亞太營運中心」的跨世紀計畫，希望大幅吸引外商來台投資之際，對照於此時期之後的僑外投資量明顯增加的趨勢，可說明「亞太營運中心」的計畫對僑外投資具有吸引的效果與作用，同時也代表了國家機器在面對國際化回應上具有初步的具體成果。

國家機器在九〇年代努力進行台灣投資環境的改善，釋出了許多重大產業的中上游領域供企業界投資，並且將企業界納入國家機器內部運作後，穩固了大企業家對台灣的投資信心。到了一九九七年，已經有將近五成四左右的企業界看好台灣經濟[17]。隔年的外商評比，台灣在外商心中的吸引力更大舉從東亞地區的第六名提升到第三名[18]。這些數據顯示出國家機器的改革已經得到資本家的初步肯定，使得資本家願意與國家機器進行進一步的配合與合作[19]，強化的國家機

---

[16] 王振寰，資本，勞工，與國家機器（台北：唐山出版社，1993），頁86-89。

[17] 詳見天下雜誌，1997年6月，頁63、66。

[18] 詳見天下雜誌，1998年10月，頁151。

[19] 例如一九九六年李登輝提出的「戒急用忍」政策在當時並沒有遭受到

器的合法性來源，然而，這也代表社會勢力相對於國家機器的能力而言，已經茁壯成為不可忽視的力量。

眾多台籍資本家納入國家機器的運作，並且將其投資擴大至各產業的中上游以充實台灣經濟的舉動，在表面上確實撫平了九〇年代初期資本家的眾多不滿情緒，並且支撐起國家機器的合法性，穩定了國家機器最基本的汲取功能，然而，隨著各方投資充實起來的國家機器合法性內容已經改變，國家機器如要繼續與社會維持良好關係，鞏固其自主性的政策運作空間以繼續汲取社會資源的原因已經不再是冷戰時期意識型態的宣達，而是為企業創造更良好的投資環境。因此，新型態的國家機器在資本家參與入主之後，已經改善了國家能力的汲取功能，逐漸穩固了新國家機器的相對自主性地位，在此同時，由於社會其他勢力跟隨資本家腳步紛紛進入國家機器之際，馴化了國家機器對意識型態的堅持，台灣得以進入國族選擇的時代。

第三節　調控因素的影響

台灣近年來的民主化除了涉及到「政體」的合法性危機之外，還包括國家機器企圖對其國家能力實施與控制的範圍進行重新界定，因此，在此界定的過程中常會牽涉到「國家疆界」的定義問題。換句話說，國家機器在邁向民主化的過

　　強大的資本家抗議阻力。

程中所致力的不只是要在台灣建立一個民主的「政體」，還要建構一個具有充分內在合法性基礎的「民主國家」，以彌補國家能力和自主性在中國代表權被取代後的逐漸消逝問題，同時，國家機器亦希望藉由民主政體與內在合法性等因素來區別其與過去政體、對岸國家之間的關係，企圖藉此重拾外在的支持。

　　然而，在此民主化的過程中，隨著合法性來源由外在的中國代表權邁向對內的合法性賦予時，整個國家與社會經常隨著選舉過程而牽涉到「本土化」的論述，本土化就此成為台灣民主化過程中相應而生的副產品。因此，台灣特殊的族群政治文化常隨著本土化論述的認同與否，衍生出特殊的政黨認同，而每次選舉過程中的政黨認同也就會被升高為不同的「國家保衛戰」，呈現台灣民族主義建國運動與中華民族主義保衛中華民國法統運動之間的拉扯[20]。由於社會對國家和民族的疆界有不同的想像，加上對岸的中共政權對台灣具有領土的野心，使得台灣的民主鞏固道路充滿民族主義的情懷。

　　民族主義和民主之間因為兩者共同主張「人民的意志」是至高無上的，因此充滿了緊張關係，兩者用不同的標準來界定「我族」。民族主義常用血統、種族、地緣、宗教或文化等特徵來區分我族與他族；崇尚自由主義的民主主義則傾向用公民權等政治身份來界定我族。Linz 認為，對於存有認

---

[20]　林佳龍，「台灣民主化與國族形成」，收錄於林佳龍、鄭永年主編，民族主義與兩岸關係（台北：新自然主義，2001），頁 218。

同衝突的分裂社會來說，如果民主要能鞏固，那麼國家所要努力建立的是依據政治社群做為國家認同而產生的民族主義將是「公民民族主義」（civic nationalism）、「自由民族主義」（liberal nationalism）或「土地民族主義」（territorial nationalism）來取代狹隘的「族群民族主義」（ethnic nationalism）[21]。台灣在邁向民主鞏固與本土化的過程中也呈現出由「公民民族主義」取代「族群民族主義」的想像過程。對多數人來說，「台灣人」所指涉的已經是政治和地理的認同，大多數台灣人民也已經逐漸接受台灣（或中華民國）是一個主權獨立的國家，她的國土和國民範圍並不涵蓋中國大陸及其人民，更重要的是，大多數台灣人民已經可以接受以漸進和民主的方式來處理認同的衝突問題。

除了下層的社會人士逐漸形成「公民民族主義」的論述外，國家機器也在政治菁英的選舉競爭中朝向「命運共同體」、「新台灣人」和「公民民主自決」等「公民民族主義」論述方向匯合。捲入國家機器運作的政黨與政治菁英逐漸拋棄族群動員的論述，在持續不斷的選舉過程中，為了在群眾層次創造出具有最大利益、最廣共同性的政治認同、價值觀和成就感等選舉策略，政黨之間的競爭不再是零合鬥爭，而是談判、妥協和分配的政治過程。

因此，在邁向民主化深化的道路上，國家機器轉向對內尋求合法性的認可，也導致本土化論述內容伴隨民主化運動

---

[21]　林佳龍，「台灣民主化與國族形成」，收錄於林佳龍、鄭永年主編，民族主義與兩岸關係（台北：新自然主義，2001），頁219。

而生，台灣意識因此不斷增長。人民在民主化過程中紛紛對舊政權提出兩大質問：「舊政權從何而來？」和「誰統治舊政權？」[22]。當這些問題如潘朵拉盒子般地被打開，在台灣的屢次選舉中被提起時，國家機器將隨著民主化的腳步邁向本土化。

　　不可諱言，從傳統封建國家到現代民主資本主義國家的過程中，國家採取行動的範圍之自主性呈現出越來越弱的現象，但是國家卻因為觸及民間社會的程度越來越高，使得其執行政治決定的能力似乎越來越高[23]。國民黨國家機器在集權政體走向民主化的轉型過程中也呈現同樣的現象，國家不能再將意識型態定於一尊，反而隨著合法性的向內強化而拋棄中國正統性的論述，企圖創造迎合此「疆域」內部社會人民的認同，也因為社會的共同參與，使得國家創造「想像共同體」的能力越來越高。國家認同趨勢的統計數據顯示出，政治民主化，尤其是選舉所帶動的政治參與，將台灣的國家與社會不分族群地捲入一個以台灣為疆界的「國族想像」過程，這個政治參與的過程使得社會各部門和團體有機會與國家部門進行觀念的溝通和利益的交換，而且有助於形塑以憲政制度為基礎的集體認同，如同霍布斯邦所提出的「國家創

---

[22]　Donald L Horowitz., *A Democratic South Africa? : Constitutional Engineering in a Divided Society* (Berkeley : University of California Press, 1991), p. 41..

[23]　Michael Mann, "The Autonomous Power of the State: It's Origins, Mechanism and Results," *European Journal of Sociology*, 25 (1984), p.191.

造民族，而非民族創造國家」的現象[24]，台灣在國家機器的帶領之下，形成一個命運和利害的政治共同體[25]。

第四節　國家能力與國家認同的關係

　　台灣的國家自主性與國家能力在一九四九年之後因為冷戰的國際環境所帶來的特殊地理、歷史因素而孕育出生命力，在一九七〇年代以前，國家能力的培養與自主性的展現在國際層次與國內地位都呈現毫無疑問的展現，並且牢牢控制住台灣的民間社會，呈現出強國家—弱社會的現象[26]。然而，隨著中國代表權的喪失帶來國家自主性在國際環境的弱化，使得國家機器轉而尋求對內的合法性來源以支撐其國家自主性的展現，如此的國家能力來源渠道轉向過程劃開了台灣民間社會參與國家機器運作的契機，也使得國家機器開始正式面對其與台灣民間社會、與國際環境的關係界定問題。

　　國民黨政府轉向對內尋求國家能力擴張的首要步驟是保障財政汲取的管道來源。外來的美援等國際援助已經斷絕，所以國家更需要資本家對它的投資與支持以確保其財政

---

[24]　霍布斯邦（Hobsbawm, Eric J.）著，李金梅譯，民族與民族主義（台北：城邦文化，1997），頁 10。

[25]　林佳龍，「台灣民主化與國族形成」，收錄於林佳龍、鄭永年主編，民族主義與兩岸關係（台北：新自然主義，2001），頁 235。

[26]　溫克勒（Edwin A. Winckler），收錄於張京育主編，中華民國民主化（台北：國際關係研究中心，1992），頁 423-472。

的來源；其次，由於國家機器已經喪失大部分的國際官方舞台，因此，它更需要借重民間資本家非官方的國際影響力，藉以繼續聯繫台灣與國際的關係[27]。因此，整個七〇、八〇年代的台灣國家機器呈現出其與台灣社會的資本家等菁英份子合作的過程，並且將國民黨政府國家能力的渠道來源成功地由國際支持轉向投資成長、財政成長、經濟成長等汲取能力的擴張。由於，七〇年代以後的資本家大多是台籍的色彩，再加上台灣特有的族群政治文化，使得資本家進入國家機器的過程中，馴化了國民黨國家機器對中國法統代表權的意識型態堅持[28]，然而，此時國家與社會的結盟僅限於菁英階層，而不是廣大的「下層結構」。

八〇年代中期以後，由於台灣內部反對運動的興起以及國際上的中國大陸、東南亞等經濟的崛起，使得資本家以停止投資等具體行動抗議國家的無能政策，對於以經濟成長做為支撐國家合法性主要來源的國民黨政府來說不啻是個重大的打擊，國家機器的因應之道是選擇採用民主化與自由化的方法作為調解國家與社會矛盾的路徑，社會各階層的勢力因此大幅參與國家機器的運作，國家也因此取得其對內合法性的來源，同時在一連串的選舉、修憲等程序中，奠定「我族」的認知，造成「台灣人認同」上升，「中國人認同」下降的國家認同趨勢一去不復返現象。

---

[27] 王振寰，資本，勞工，與國家機器（台北：唐山出版社，1993），頁42。

[28] 林佳龍，「台灣民主化與國族形成」，收錄於林佳龍、鄭永年主編，民族主義與兩岸關係（台北：新自然主義，2001），頁238-241。

此時期的中共威脅也發揮重要影響，因此台灣在民主化與選舉競爭的「拉力」因素下，由內而外把台灣人民拉在一起，並且在中共威脅因素中，由外而內把各族群台灣人民推在一起，使得民主化內涵深化了台灣的公民民族主義，逐漸形成了我族的認同。用 Anderson 的話來說，如果民族是一種「想像的共同體（imagined community）」，那麼九〇年代初期選擇民主制度企圖有別於過去政權與中共政權的國家機器，在民主化的洗禮下，已經建構了這個共同社群的疆界和內涵，成功創造「我族」的論述，並且有能力繼續將此論述的想像權力捍衛在台灣地區的國家與社會中，但並不包括海峽對岸的十二億中國人[29]。

表 6-1：國家能力影響國家認同之關係

國家能力指標 ＼ 對國家認同的影響	影響的強度	影響的內容
國際因素—歷史沿革	明顯	形成我族與他族的界線與重新定位
汲取因素—投資量	不明顯	弱化國家對民族主義意識型態的堅持
調控因素—民主化	明顯	我族論述內容的充實與圓潤

資料來源：作者自行整理

總而言之，在台灣國家認同趨勢的改變過程中，國家機

---

[29] 林佳龍，「台灣民主化與國族形成」，收錄於林佳龍、鄭永年主編，民族主義與兩岸關係（台北：新自然主義，2001），頁238。

器的能力展現扮演重要且積極的角色。國際因素的轉變開啟
台灣國家能力內涵轉換，國家機器由國際支持轉而對內尋求
台灣社會的合法性支持，進而突顯出台灣與中國大陸之差異
處；其次，國家為了有效掌握對內汲取因素的來源，使得其
對民族主義意識型態堅持出現軟化趨勢；第三，採用民主化
調解社會矛盾的方法奠定國家機器對「我族」界線的認知，
並且反饋回民間社會，形成民主化風潮下的國家想像運動
（見表 6-1）。一九七〇年代到一九九〇年代的國家能力轉
換過程是一動態的現象，也連帶影響台灣民眾的國家認同，
同樣的，在深化民主、中國崛起、全球化等因素下，台灣的
國家能力勢必會再被影響，也將會繼續引動台灣民眾的國族
認知。

參考書目

中文書目

一、中文專書：

中央研究院近代史研究所編，「認同與國家：近代中西歷史的比較」論文集，台北：中央研究院近代史研究所，1994 年 6 月。

中共中央馬克思、恩格斯、列寧、斯大林著作編譯局編，馬克思恩格斯選集（第一、二卷），北京：人民出版社，1995 年 6 月。

中國國民黨中央文工會編著，以民意修憲向歷史負責，台北：中央文物，1992 年。

中國歷史上的分與合學術研討會籌備委員會編，中國歷史上的分與合學術研討會論文集，台北：聯經出版社，1995 年 9 月。

中華徵信所，中華民國大型企業排行，台北：中華徵信所編著，1991年。

中華徵信所編，台灣區五十九年度百家最大民營企業，台北：中華徵信所，1971。

王志弘、王淑燕等譯，薩伊德（Edward W. Said）著，東方主義 (Orientalism)，台北：立緒文化，1999 年 9 月。

王紅玲編著，當代西方政府經濟理論的演變與借鑒，北京：中央編譯出版社，2003 年。

王振寰，資本、勞工與國家機器－台灣的政治轉型與社會轉型，台北：台灣社會研究季刊 ，1993 年。

王振寰，誰統治台灣？轉型中的國家機器與權力結構，台北：巨流出版社，1996年。

王紹光、胡鞍鋼著，中國國家能力報告，香港：牛津大學出版社，1994年。

王逸舟，當代國際政治析論，上海：上海人民出版社，1995年8月。

王銘義，不確定的海峽——當中華民國碰上中華人民共和國，台北：時報出版社，1993年。

包宗和、吳玉山編，爭辯中的兩岸關係理論，台北：五南圖書出版公司，1999年。

台灣政治學會主辦，「台灣政治學會1998年年會暨學術研討會」論文集，台北：1998年12月13日。

正中書局主編，存在、希望、發展—李登輝先生「生命共同體」治國理念，台北：正中書局，1993年8月。

田弘茂等主編，鞏固第三波民主，台北，業強出版社，1997年。

石之瑜，文明衝突與中國，台北：五南出版社，2000年1月。

石之瑜，後現代的國家認同，台北：世界書局，1995年9月。

石之瑜，政治心理學，台北：五南出版社，1999年8月。

石之瑜，當代台灣的中國意識，台北：正中書局，1993年。

石之瑜編，家國之間：開展兩岸關係的能動機緣，台北：新台灣人文教基金會，2003年。

任德厚，政治學，台北：再版，自刊本，總經銷：三民書局，1993年。

朱松柏編，分裂國家的統一歷程，台北：政治大學國際關係研究中心，1991年。

江宜樺，自由主義、民族主義與國家認同，台北：揚智文化，1998年5月。

江宜樺，自由民主的理路，台北：聯經出版社，2000年。

行政院大陸委員會編，國家發展會議兩岸關係議題共同意見，台北：

行政院大陸委員會，1997 年 2 月。

行政院國家科學委員會，中華民國科技白皮書—科技化國家宏圖，台北：1997 年。

行政院經濟建設委員會，發展台灣成為亞太營運中心計畫，台北：1995 年 1 月。

吳玉山，抗衡或扈從——兩岸關係新詮：從前蘇聯看台灣與大陸間的關係，台北：正中出版社，1995 年。

吳庚，韋伯的政治理論及其哲學基礎，台北：聯經出版社，1993 年。

吳國光編，國家、市場與社會，香港：牛津大學出版社，1994 年。

吳叡人譯，安德森（Benedict Anderson）著，想像的共同體：民族主義的起源與散布，台北：時報文化，1999 年 4 月。

呂亞力，政治學概要，台北：三民書局，1987 年 9 月。

宋澤萊，台灣人的自我追尋，台北：前衛出版社，1988 年 5 月。

李少軍、劉北成譯，Michel Mann 著，社會權力的來源—自源起到西元 1760 年的權力史，台北：桂冠出版公司，1994 年。

李金梅、黃俊龍譯，Gellner, Ernest 著，國族與國族主義，台北：聯經出版社，2001 年。

李金梅譯，霍布斯邦（Eric J.Hobsbawm）著，民族與民族主義，台北：麥田出版社，1997 年 6 月。

李英明，中國：向鄧後時代轉折，台北：生智文化，1999 年 8 月。

李英明、張亞中合著，中國大陸與兩岸關係，台北：生智文化，2000 年。

李登輝，台灣的主張，台北：遠流出版社，1999 年 5 月。

李琮，第三世界論，北京：世界知識出版社，1993 年。

李筱峰，台灣史一百件大事（下）：戰後篇，台北：玉山社，1999。

杜麗燕、李少軍譯，Carnoy, Martin 著，國家與政治理論，台北：桂冠圖書，1995 年。

汪學文主編，台灣海峽兩岸各種體制之比較研究，台北：政治大學國

際關係研究中心，1988 年 8 月。

阮銘等著，民主在台灣，台北：遠流出版社，2000 年 10 月。

孟樊，後現代的認同政治，台北：揚智出版社，2001 年。

林文斌、劉兆隆譯，Andrew Heywood 著，政治學，台北：韋伯文化
　　事業出版社，1998 年 4 月。

林水吉，民主化與憲政選擇，台北：風雲論壇，2002 年。

林正義，台灣地位三角習題，台北：桂冠出版社，1989 年。

林佳龍，邱澤奇主編，兩岸黨國體制與民主發展：哈佛大學東西方學
　　者的對話，台北：月旦出版社，1999 年。

林佳龍，鄭永年主編，民族主義與兩岸關係，台北：新自然主義，2001
　　年。

林添貴譯，Zibgniew Brezinski 著，大棋盤—全球戰略大思考，台北：
　　立緒出版社，1998 年。

邵宗海，兩岸關係——兩岸共識與兩岸歧見，台北：五南圖書出版有
　　限公司，1998 年 7 月。

金耀基，中國社會與文化，香港：牛津大學出版，1992 年。

俞可平、黃衛平編，全球化的悖論，北京：中央編譯出版社，1988
　　年。

施正鋒，台灣人的民族認同，台北：前衛出版社，2000 年 8 月。

施正鋒主編，台灣民族主義，台北：前衛出版社，1994 年 12 月。

洪金珠、許佩賢譯，若林正丈著，台灣一分裂國家與民主化，台北：
　　月旦出版社，1996 年 1 月。

胡為真，美國對華「一個中國」政策之演變：從尼克森到柯林頓，台
　　北：台灣商務印書館，2001 年 4 月。

胡祖慶譯，白魯恂（Lucian W. Pye）著，中國人的政治文化，台北：
　　風雲論壇出版社，1982 年。

若林正丈，轉型期的台灣—「脫內戰化」的政治，台北，故鄉出版社，
　　1989 年 12 月。

孫隆基，中國文化的「深層結構」，香港：集賢社，1983 年 5 月。

徐迅，民族主義，北京：中國社會科學出版社，1998 年 7 月。

徐賁，走向後殖民與後現代，北京：中國社會科學出版社，1996 年 7 月。

馬克思、恩格斯選集，第一卷，北京：人民出版社，1972。

高永光，論政治學中國家研究之新趨勢，台北：永然文化，1995 年。

高朗，中華民國外交關係之演變，一九七二～一九九二年，台北：五南圖書出版，1994 年。

高朗，中華民國外交關係之演變，一九五〇～一九七二年，台北：五南圖書出版，1993 年。

國史館編，一個中國論述史料彙編史料文件（一），台北：國史館，2000 年。

國史館編，一個中國論述史料彙編史料文件（二），台北：國史館，2000 年。

國務院台灣事務辦公室研究局編，台灣問題文獻資料選編，北京：人民出版社，1994 年。

張五岳，分裂國家互動模式與統一政策之比較研究，台北：國家政策研究中心，1992 年 8 月。

張京育主編，中華民國民主化——過程、制度與影響，台北：政治大學國際關係研究中心，1992 年 3 月。

張京媛編，後殖民理論與文化認同，台北：麥田出版社，1995 年 7 月。

張明貴譯，恩格爾（Alan Engel）等著，意識型態與現代政治，台北：桂冠出版社，1985 年 10 月。

張茂桂，社會運動與政治轉化，台北：國策中心，1989 年。

張茂桂等，族群關係與國家認同，台北：葉強出版社，1993 年 2 月。

張慧英，李登輝 1988－2000 執政十二年，台北：天下文化出版社，2000 年。

許介鱗，戰後台灣史記，台北：文英堂出版社，1996 年。

許介鱗、李文志、蕭全政等著，台灣的亞太戰略，台北：國策中心，1991。

許信良，新興民族，台北：遠流出版公司，1995 年 3 月。

郭廷以，近代中國史綱（上、下冊），台北：曉園出版社，1994 年 5 月。

郭洪紀，文化民族主義，台北：揚智文化，1997 年 9 月。

陳明通，派系政治與台灣政治變遷，台北：月旦出版社，1995 年。

陳師孟等著，解構黨國資本主義：論台灣官營事業之民營化，台北：自立晚報社總經銷，1992 年。

陳菁雯等譯，Marsh, David & Stoker, Gerry 著，政治學方法論，台北：韋伯文化，1998 年。

陳學明譯，哈伯瑪斯（Jurgen Habermas）著，合法性危機，台北：時報出版，1994 年。

陶東風，後殖民主義，台北：揚智文化，2000 年 2 月。

彭明敏文教基金會編，彭明敏看台灣，台北：遠流出版社，1994 年。

彭懷恩，朝向高層之路—中華民國的內閣菁英，台北：動察，1986 年。

游盈隆主編，民主鞏固或崩潰，台北：月旦出版社，1997。

黃昭元，兩國論與國家定位，台北：學林出版社，2000 年 5 月。

黃國昌，「中國意識」與「台灣意識」，台北：五南，1992 年 12 月。

黃裕美譯，杭亭頓（Samuel P.Huntington）著，文明衝突與世界秩序的重建，台北：聯經出版社，1997 年。

鄒景雯，李登輝執政實錄告白，台北：印刻出版社，2001 年 5 月。

趙建民，兩岸互動與外交競逐，台北：永業出版社，1994 年。

劉北成譯，Theda Skocipol 著，國家與社會革命，台北：桂冠圖書公司，1998。

劉國基編，兩國論全面觀察，台北：海峽學術出版社，1999 年。

蔣介石,「中華民國退出聯合國告全國同胞書」書告,台北:中正文教基金會,1971 年。

蔣經國,蔣總統言論集,台北:1978。

蔡政文主編,邁向已開發國家—中華民國政治發展,台北:台灣大學政治系,1990 年。

鄭牧心,台灣議會政治四十年,台北:自立晚報社,1987 年。

鄭貞銘,民意與民意測驗,台北:三民書局,2001 年 1 月。

盧建榮,分裂的國家認同:1975－1997,台北:麥田出版社,1992 年 2 月。

盧曉衡主編,中國對外關係中的台灣問題,北京:經濟管理出版社,2002 年。

蕭新煌編,壟斷與剝削:威權主義的政治經濟分析,台北:台灣研究基金會,1989 年。

賴香吟譯,若林正丈著,蔣經國與李登輝,台北:遠流出版社,1998。

錢永祥,縱欲與虛無之上,台北:聯經出版社,2001 年。

錢穆,中國思想史,台北:台灣學生出版社,1982 年。

戴國煇,台灣結與中國結,台北:遠流出版社,1994 年。

蘇格,美國對華政策與台灣問題,北京:世界知識出版社,1998 年 6 月。

蘇進強,台海安全與國防改革,台北:國家政策研究中心,1995 年。

二、期刊論文:

《台灣社會研究》編委會,「由新國家到新社會——兼論激進的台灣社會研究」,台灣社會研究季刊(台北),第二十期,1995 年 8 月,頁 1-15。

尹章義,「『台灣意識』的形成與發展—歷史的觀點」,台灣研究(北

京），1994 年第 2 期，頁 4－16。

王甫昌，「台灣反對運動的共識動員」，「第一屆台灣政治學會年會」論文集，1994 年 12 月 17 日。

王振寰，「台灣的政治轉型與反對運動」，台灣社會研究季刊（台北），第 2 卷，第 1 期，1989 年春季號，頁 71-116。

王振寰，「國家機器與台灣石化業的發展」，台灣社會研究季刊（台北），第 18 期，1995 年 2 月，頁 1-37。

王振寰、錢永祥，「邁向新國家？ 民粹威權主義的形成與民主問題」，台灣社會研究季刊（台北），第 20 期，1995 年 8 月，頁 17-55。

石之瑜，「人權與國家認同：大陸政策中的差別與歧視」，東亞季刊（台北），第 27 卷第 1 期，1995 年 7 月，頁 17－37。

石之瑜、姚源明，「社會科學研究認同的幾個途徑」，東亞季刊（台北），第 35 卷第 1 期，2004 年 1 月，頁 1-36。

任德厚，「制度研究與當代政治學之發展」，政治科學論叢（台北），第 1 期，1990 年，頁 1-30。

汪宏倫，「制度脈絡、外部因素與台灣之『national question』」，台灣社會學（台北），第一期：2001 年 6 月，頁 183-239。

周玉山，「民族主義與愛國主義」，中國大陸研究（台北），第 39 卷第 8 期，1996 年 8 月，頁 6－20。

林正義，「特殊國與國關係」之後美國對台海兩岸的政策，政治科學論叢（專刊）「展望跨世紀兩岸關係」學術研討會論文集（台北），1999 年 12 月，頁 105-127。

林佳龍，「地方選舉與國民黨政權的市場化：從威權鞏固到民主轉型，1946-94」，輯於陳明通、鄭永年合編，兩岸基層選舉與政治社會變遷，台北：月旦出版社，1998 年，頁 169-259。

林佳龍，「威權侍從主義下的台灣反對運動──民進黨社會基礎的解釋」，台灣社會研究季刊（台北），第 2 卷，第一期，1989 年春季號，頁 117-144。

胡佛，「政治文化與青年的國家認同」，中國論壇（台北），第 15
　　卷，第 12 期，1983，頁 16-19。

施正鋒，「台灣民族主義與墾殖國家的政治民族塑造」，百年來海峽
　　兩岸民族主義的發展與反省研討會論文，東吳大學主辦，2000
　　年 12 月 3 日，頁 1－18。

施振榮，「二十一世紀新台灣-人文科技國」，新世紀智庫論壇（台北），
　　第 1 期，1998 年 2 月，頁 101-105。

夏鑄九，「全球經濟中的台灣城市與社會」，台灣社會研究季刊，第
　　二十期（台北）1995 年 8 月，頁 57-102。

徐振國，「從威權統合論到新國家論的轉折和檢討」，理論與政策（台
　　北），第 14 卷，第 2 期，2000 年 7 月，頁 1-26。

時殷弘，「美國對華政策和台灣問題的未來」，戰略與管理（北京），
　　2000 年，頁 50-53。

袁鶴齡，「國家認同外部因素之初探—美國因素、中國因素與台灣的
　　國家認同」，理論與政策（台北），第 14 卷第 2 期，2000 年 7
　　月，頁 141－163。

高永光，「新國家主義研究興起的探討」，國魂月刊（台北），1989
　　年 5 月，頁 69—85。

陳昭瑛，「論台灣的本土化運動：一個文化史的考察」，中外文學（台
　　北），第 23 卷第 9 期，1995 年，頁 6-43。

張榮豐，「對中國大經貿政策」，輯於趙春山編，大陸政策與兩岸關
　　係，台北：民主基金會，1992 年 11 月，頁 139-156。

楊開煌，「台灣『中國大陸研究』之回顧與前瞻」，輯於吳玉山、何
　　思因合編，邁入廿一世紀的政治學，台北：國際關係研究中心，
　　2000 年，頁 497-526。

董立文，「中共的民族主義與兩岸關係」，百年來海峽兩岸民族主義
　　的發展與反省學術研討會論文，東吳大學主辦，2000 年 12 月 3
　　日，頁 1－20。

趙建民，「台灣主體意識與中國大陸民族主義的對抗：面對二十一世紀的兩岸關係」，中國大陸研究（台北），第 41 卷，第 1 期，1998 年 1 月，頁 54-71。

劉勝驥，「台灣民眾統獨態度之變化」，中國大陸研究（台北），第 41 卷第 3 期，1998 年 3 月，頁 7－30。

劉鴻暉，「民主化與產業發展之政治經濟分析：三個制度支柱之研究途徑」，輯於朱雲漢、包宗和主編，民主轉型與經濟衝突──九〇年代台灣經濟發展的困境與挑戰，台北：桂冠圖書出版公司，2000 年 6 月，頁 181-208。

鄭為元，「發展型『國家』或發展型國家『理論』的終結？」，台灣社會研究季刊（台北），第三十四期，1999 年 6 月，頁 1-68。

瞿宛文，「國家與台灣資本主義的發展──評論《解構黨國資本主義》」，台灣社會研究季刊（台北），第 20 期，1995 年 8 月，頁 151-175。

三、學位論文：

李氣虹，後冷戰時期中共的民族認同，台北：政治大學東亞研究所碩士論文，1998 年 3 月。

侯承旭，以台灣發展經驗檢視發展取向國家機關，台南：政治大學政治經濟研究所碩士論文，1998 年 6 月。

張鐵志，資本主義發展與民主化──台灣新政商聯盟與國民黨政權維繫，台北：台灣大學政治學研究所碩士論文，1999 年 6 月。

許甘霖，黨資本的政治經濟學──石化業個案研究，台中：東海大學社會學研究所碩士論文，1992 年 6 月。

陳啟清，國家與土地改革──戰後初期台海兩岸比較分析，台北：政治大學中山人文社會科學研究所博士論文，1998 年 1 月。

楊聰榮，文化建構與國民認同：戰後台灣的中國化，新竹：清華大學社會人類學研究所碩士論文，1992 年 7 月。

董立文，論九十年代中共的民族主義，台北：政治大學東亞研究所博

士論文,1997 年 1 月。

董思齊,不確定的想像共同體:1949 年以來台灣國家認同的困境,台
　　北:台灣大學政治學研究所碩士論文,2001 年 6 月。

盧奕旬,八〇年代以來政治學中「國家能力」研究之分析,台北:台
　　灣大學三民主義研究所碩士論文,2000 年 4 月。

賴建國,台灣主體意識發展與對兩岸關係之影響,台北,政治大學東
　　亞研究所碩士論文,1997 年 10 月。

英文書目

1. Books

Anderson, Benedict, Imagined Communities: Reflections on the Origin
　　and Spread of Nationalism, London: New Left Books, 1983.

Appelbaum R. and J. Henderson (eds.), States and Development in the
　　Asian Pacific Rim, Newbury Park, Cal: Sage, 1992.

Berger, Peter L & Luckmann, Thomas, The social construction of reality :
　　a treatise in the sociology of knowledge, New York : Anchor Bk.s,
　　1990.

Bhabha, Homi K., ed. Nation and narration, New York : Routledge, 1990.

Christopher, Warren, In the Stream History, Stanford: Stanford University
　　Press, 1988.

Dirlik, Arif, The Postcolonial Aura: Third World Criticism in the Age of
　　Global Capitalism, Boulder, Co,: Westview　Press, 1997.

Duara, Prasenjit, Rescuing History from the Nation: Questioning
　　Narratives of Modern China, Chicago: University of Chicago Press,

1995.

Easton, David, A Framework for Political Analysis, Englewood Cliffs, N.J.: Prentice-Hall, 1965.

Easton, David, and Jack Dennis, Children in the Political System: Origins of Political Legitimacy, New York: Mc Graw- Hill Book Company, 1969.

Easton, David, The Political System: An Inquiry into the State of Political Science, Chicago: University of Chicago Press, 1981.

Evans, Peter B., Rueschemeyer, Dietrich, and Skocpol, Theda (ed.), Bringing the State Back In, NY: Cambridge University Press, 1985.

Fitzgerald, Robert (ed.), The State and Economic Development—Lessons from the Far East, London: Frank , 1995.

Garner, James W., Political Science and Government, New York: American Book Store, 1928.

Giddens, Anthony, The Consequences of Modernity, Cambridge: Polity Press, 1990.

Goodnow, Frank J., The Work of the American Political Science Association, Lancaster, Pa: Wickersham Press, 1905.

Guibernau, Montserrant, Nationalisms: the Nation-State and Nationalism in the Twentieth Century, Cambridge: Polity Press, 1996.

Hall, John A. & Ikenberry, John, The State, Milton Keynes, England: Open University Press, 1989.

Haggard, Stephan and Kaufman, Robert R. (eds.), The Politics of Economic Adjustment, NJ: Princeton University Press, 1992.

Horowitz, Donald L., A Democratic South Africa? : constitutional engineering in a divided society, Berkeley : University of California Press, 1991.

Huntington, Samuel and Moore, Clement, (eds.), Authoritarian Politics in

Modern Society, NY: Basic Books, 1970.

Hudson, Robert and Fred, Reno (eds.), Politics of Identity: Migrants and Minorities in Multicultural States, New York: St. Martin, 2000.

Jessop, Bob, State Theory: Putting Capitalist States in Their Place, Cambridge: Polity Press, 1990.

Johnson, Chalmers, Peasant Nationalism and Communist Power, Stanford University Press, 1962.

Kazancigil, Ali, The State in global perspective, Brookfield, Vt., USA: Gower, 1986.

Kroeber, A, L, and Clyde Kluckhohn, Culture: A Critical Review of Concepts and Definitions. Cambridge, Mass.: Peabody Museum Papers, 1952.

Leng, Tse-Kang, Taiwan China Connection: Democracy and Development across the Taiwan Strait, Boulder: Westview Press, 1996.

Levi, Margaret, Consent, Dissent, and Patriotism, Cambridge: Cambridge University, 1997.

Linz, Juan J. "State Building and Nation Building," European Review, v.1, n.4, 1993, P. 355-369.

Lowenthal, Abraham F., Exporting democracy: the United States and Latin America: themes and issues, Baltimore: Johns Hopkins University Press, 1991.

Macridis, Roy C. & Brown, Bernard E. (ed.), Comparative Politics, Cal: The Wadsworth Inc. Press, 1990.

Mann, Michael, State, War and Capitalism: Studies in Political Sociology, Oxford and New York: Basil Blackwell Ltd., 1988.

Migdal, Joel S., Kohli, Atul, & Shue, Vivienne, State Power And Social Forces : Domination And Transformation In The Third World, New

York : Cambridge University Press, 1994.

Migdal, Joel S., Strong Societies and Weak States: State Society Relations and State Capacities in the Third World, Princeton, NJ: Princeton University Press, 1988.

Miller, Allice, For Your Own Good: Hidden Cruelty in Child-rearing and the Roots of Violence (trans. by Hannum, H.), New York: Farrar, Straus and Girous, 1984.

Nandy, Ashis. The Intimate Enemy: Lossand Recovery of Self under Colonialism. Oxford: Oxford University Press, 1983.

Nordlinger, Eric, On the Autonomy of the Democratic State, Cambridge, Mass: Harvard University Press, 1983.

O'Brien, Martin and Penna, Sue (eds.), Theorising Modernity: Reflexivity, Environment, and Identity in Giddens' Social Theory, New York: Longman, 1999.

Ohame, Kenichi. The End of the Nation State: The Rise of Regional Economies. New York: Free Press, 1995.

Peter Schweitzer (ed.), Dividends of Kinship: Meanings and Uses of Social Relatedness, London: Routledge, 2000.

Pye, Lucian W. The Mandarin and Cadre: China's Political Cultures. Michigan: Center for Chinese Studies, The University of Michigan, 1988.

Rueschemeyer, Dietrich, Stephens, Evelyne Hubber & Stephens, John, Capitalist Development and Democracy, Chicago: University of Chicago Press, 1992.

Said, Edward. Orientalism: Western Conceptions of the Orient, London and New York: Peregrine, 1995.

Shapiro, Michael J. and Alker, Hayward R. (eds.), Challenging boundaries : global flows, territorial identities, Minneapolis:

University of Minnesota Press, 1996.

Simon, Denis Fred and Kau, Michael Y.M., (eds.), Taiwan: Beyond the Economic Miracle, Armonk, N.Y. : M.E. Sharpe, 1992.

Thorndike, Edward L., Human Nature and the Social Order, Cambridge, Mass.: M.I.T. Press, 1969.

Tilly, Charles & Haimson, Leopold H., Strikes, wars, and revolutions in an international perspective: strike waves in the late nineteenth and early twentieth centuries, New York : Cambridge University Press, 1989.

Unger, Jonathan, ed, Chinese Nationalism, New York: M, E, Sharpe , 1996.

Wade, Robert, Governing the Market: Economic Theory and the Role of Government in the East Asia, Princeton, NJ: Princeton University Press, 1990.

Weiss, Linda & John Hobson, State and Economic Development: A Comparative Historical Analysis, Polity Press, 1995.

Weiner, Myron & Huntington, Samuel P. (ed.), Understanding Political Development, Boston : Little, Brown, 1987.

Williams, Raymond, Culture and Society 1780-1950, London: Penguin, 1966.

2. Articles

Barkey, Karen and Parikh, Sunita, "Comparative Perspectives on the State," Annual Review of Sociology, vol. 17. pp. 523-549.

Benedict, Ruth, "Configurations of Culture in North America," American Anthropologist, no.34, 1932, pp.1-27.

Bentley, G. Carter, " Ethnic and Practice," Comparative Studies in Society and History, no.29, 1987, pp.24-55.

Block, Fred, "The Ruling Class Does Not Rule," Socialist Revolution, no. 33, 1977, pp.6-28.

Chun, Allen. "From Nationalism to Nationalizing: Cultural Imagination and State Formation In Postwar Taiwan," The Australian Journal of Chinese Affairs, no.31, 1994, pp.1-50.

Easton, David, "Limited of the Equilibrium Model in Social Research," Behavioral Science, April 1956, pp.96-104.

Krasner, Stephen D., " Review Article: Approach to the State: Alternative Conceptions and Historical Dynamics," Comparative Politics, vol.16, no.2, 1983, pp.220-232.

Krasner, Stephen D., "Sovereignty: An Institutional Perspective," Comparative Political Studies, vol.21, no.3, 1988, pp.66-94.

Mann, Michael, "The Autonomous Power of the State: It's Origins, Mechanism and Results," European Journal of Sociology, no.25, 1984, pp. 185-213.

Mcbeath, Gerald A., "The Changing Role of Business Associations in Democratizing Taiwan," Journal of Contemporary China, vol.7, no.18, 1998, pp. 303-320.

Migdal, Joel S., "A Model of State-society Relations," in Howard Wiarda (ed), New Directions in Comparative Politics, (Boulder: Westview Press, 1985), pp.41-55.

Moore, Thomas G. "China and Globalization," Asian Perspective, vol.23, no.4, 1999, pp.88－93.

Nettle, Peter J. "The State as a Conceptual Variable," in J. Hall (ed.) The State: Critical Concepts, (London: London Routledge, 1994), pp. 9-36.

Schmitter, Phillppe C, "Still the Century of Corporatism?" Review of Politics, vol.36, 1974, pp. 85-131.

Skocpol, Theda & Finegold, Kenneth, "State Capacity and Economic Intervention in The Early New Deal," Political Science Quarterly, vol.97, 1982, pp. 275-278.

Skocpol, Theda, "A Critical Review of Barrington Moore's Social Origins of Dictatorship and Democracy," Politics and Society, no.4, 1973, pp.1-30.

Teng-hui Lee, "Understanding Taiwan: Bridging Perception Gap," Foreign Affairs, vol. 78, no.6, October 1999, p.9-14.

Tun-jen Cheng, "Democratizing the Quasi-Lenist Regime in Taiwan," World Politics, July 1989, no. 41, pp. 471-499.

Tun-jen Cheng, "The Mainland China-Taiwan Dyad as a Research Program," in Tun-jen Cheng, Chi Huang and Samuel S. G. Wu, eds., Inherited Rivalry Conflict Across the Taiwan Straits (Boulder, Colorado: Lynne Riemmer, 1995), pp.1-22。

Weber, Max, "The State and Its Context," in Roy C. & Bernard E. Brown (eds.), Comparative Politics (California: The Wadsworth Inc. Press), pp. 25-40.

國家圖書館出版品預行編目

臺灣國家能力與國家認同之關係(1990－2000) = The relation
between state capacity and national identity in Taiwan /
林義鈞作. － 一版
臺北市：秀威資訊科技，2005 民 94
面；　　公分. --　參考書目：面
ISBN 978-986-7263-77-3(平裝)
1. 政治 － 臺灣

573.09　　　　　　　　　　　　　　　94019270

社會科學類　AF0031

台灣國家能力與國家認同之關係(1990-2000)

作　　者 / 林義鈞
發 行 人 / 宋政坤
執行編輯 / 林秉慧
圖文排版 / 黃永達
封面設計 / 羅季芬
數位轉譯 / 徐真玉　沈裕閔
圖書銷售 / 林怡君
網路服務 / 徐國晉
出版印製 / 秀威資訊科技股份有限公司
　　　　　　台北市內湖區瑞光路 583 巷 25 號 1 樓
　　　　　　電話：02-2657-9211　　　傳真：02-2657-9106
　　　　　　E-mail：service@showwe.com.tw
經 銷 商 / 紅螞蟻圖書有限公司
　　　　　　台北市內湖區舊宗路二段 121 巷 28、32 號 4 樓
　　　　　　電話：02-2795-3656　　　傳真：02-2795-4100
　　　　　　http://www.e-redant.com

2006 年 7 月 BOD 再刷
定價：200 元

讀　者　回　函　卡

感謝您購買本書，為提升服務品質，煩請填寫以下問卷，收到您的寶貴意見後，我們會仔細收藏記錄並回贈紀念品，謝謝！

1.您購買的書名：＿＿＿＿＿＿＿＿＿＿＿＿＿＿＿＿＿

2.您從何得知本書的消息？

　　□網路書店　□部落格　□資料庫搜尋　□書訊　□電子報　□書店

　　□平面媒體　□ 朋友推薦　□網站推薦　□其他＿＿＿＿＿＿

3.您對本書的評價：(請填代號　1.非常滿意 2.滿意 3.尚可 4.再改進)

　　封面設計＿＿＿　版面編排＿＿＿　內容＿＿＿　文/譯筆＿＿＿　價格＿＿＿

4.讀完書後您覺得：

　　□很有收獲　□有收獲　□收獲不多　□沒收獲

5.您會推薦本書給朋友嗎？

　　□會　□不會，為什麼？＿＿＿＿＿＿＿＿＿＿＿＿＿＿＿＿＿

6.其他寶貴的意見：＿＿＿＿＿＿＿＿＿＿＿＿＿＿＿＿＿＿＿＿

＿＿＿＿＿＿＿＿＿＿＿＿＿＿＿＿＿＿＿＿＿＿＿＿＿＿＿＿＿＿

＿＿＿＿＿＿＿＿＿＿＿＿＿＿＿＿＿＿＿＿＿＿＿＿＿＿＿＿＿＿

＿＿＿＿＿＿＿＿＿＿＿＿＿＿＿＿＿＿＿＿＿＿＿＿＿＿＿＿＿＿

讀者基本資料

姓名：＿＿＿＿＿＿＿＿＿＿　年齡：＿＿＿＿＿　性別：□女 □男

聯絡電話：＿＿＿＿＿＿＿＿＿　E-mail：＿＿＿＿＿＿＿＿＿＿

地址：＿＿＿＿＿＿＿＿＿＿＿＿＿＿＿＿＿＿＿＿＿＿＿＿＿＿

學歷：□高中(含)以下　　□高中　　□專科學校　　□大學

　　　□研究所(含)以上 □其他＿＿＿＿＿＿＿＿

職業：□製造業 □金融業 □資訊業 □軍警 □傳播業 □自由業

　　　□服務業 □公務員 □教職　□學生 □其他＿＿＿＿＿

To：114

台北市內湖區瑞光路 583 巷 25 號 1 樓

秀威資訊科技股份有限公司　　　收

寄件人姓名：

寄件人地址：□□□

(請沿線對摺寄回,謝謝!)

秀威與 BOD

BOD（Books On Demand）是數位出版的大趨勢,秀威資訊率先運用 POD 數位印刷設備來生產書籍,並提供作者全程數位出版服務,致使書籍產銷零庫存,知識傳承不絕版,目前已開闢以下書系:

一、BOD 學術著作—專業論述的閱讀延伸
二、BOD 個人著作—分享生命的心路歷程
三、BOD 旅遊著作—個人深度旅遊文學創作
四、BOD 大陸學者—大陸專業學者學術出版
五、POD 獨家經銷—數位產製的代發行書籍

BOD 秀威網路書店：www.showwe.com.tw
政府出版品網路書店：www.govbooks.com.tw

永不絕版的故事・自己寫・永不休止的音符・自己唱